自治が育つ学びと協働
南信州・阿智村

社会教育・生涯学習研究所●監修
岡庭一雄・細山俊男・辻 浩●編

自治体研究社

まえがき―「小さな自治」が育つ「学び」と「協働」

阿智村は長野県の南部、下伊那郡の西部にあり、岐阜県中津川市に隣接している。人口は六五七六人（二〇一八年一月一日）、面積は二一四・四三㎢あるが九三％は山林である。一九五六年に会地《おおち》村、智里《ちさと》村、伍和《ごか》村が合併して阿智村になった。その後、浪合《なみあい》村（二〇〇六年）や、清内路《せいないじ》村（二〇〇九年）と合併して現在に至る。五六の集落があるが、自立した地域づくりをすすめるために二〇〇三年に自治組織を再編し、現在は八つの自治組織がある。教育施設としては、保育園六、小学校五、中学校一、高校一、中央公民館一、地区公民館六。そして各地区公民館に企画委員会がおかれ、学習文化部、体育部、広報部の専門部があり、地区から選出された館長、主事がいる。

阿智村は社会教育の村といわれる。岡庭一雄前村長がすすめた村政の基本には「下伊那テーゼ」（飯田・下伊那主事会「公民館主事の性格と役割」一九六五年）がしっかり位置づいていた。

阿智村がめざす「住民主体の村」は、住民一人ひとりが人生の質を高めて、地域づくりをすすめ維持可能な村をつくることにある。そこに向かう行政と住民と議会の役割分担が明確になっている。そこでは、行政にかかわるすべての情報の公開と多数決を採らない話し合いの運営が徹底され、村をどうつくるかの判断は住民に委ねられる。これが阿智村のやり方であった。

阿智村政をキーワードでとらえるならば「小さな自治」と「協働」と「学び」になる。「小さな自治」とは、顔の見える範囲で、話し合いをもとに何かに取り組む住民の協同の姿ともいえよう。阿智村においては住民の自主的な、自立的な活動が盛んであり、自分たちで地域をつくっていくという意識が高い。こうした小さな自治の集まりが「住民主体の村」を形成しているともいえよう。

そして阿智村の「協働」は他の自治体とは違った意味をもつ。小さな自治すなわち住民の協同を行政が支えることを阿智村では「協働」という。協働活動推進課がその窓口で、住民の活動に対する財政的支援もある。決して住民の活動内容には干渉しない、しかし必要であれば役場職員が相談にのったり、一緒になって悩んでくれることもある。つまり住民の協同があってそれを行政が支える、そのために住民と職員が協同することも含めて「協働」というのである。これは「住民主体の行政」の原則ともいえよう。

さらに阿智村には、一人ひとりの人生の質を高める「学び」の場として公民館がある。いつでも自由に使える公民館。そして地域をつくる小さな自治の交流と相互学習の場として毎年、社会教育研究集会が開催される。この集会は半世紀続き、集会に参加すれば村の課題を共有することができる。さらに一緒に課題に取り組んでくれる仲間に出会える場にもなる。そこに、話し合い学び合いながら地域づくりを協同ですすめる村の姿を見ることができる。

本書は、阿智村における「小さな自治」と「協働」と「学び」の実際を紹介しながら、「住民主体の村づくり」の展望を探ろうとするものである。

本書の構成は次のとおり。

第1章　村をつくる住民の活動の広がり

第2章　若い世代の参加と創造性の発揮

第3章　一人ひとりの人生の質が高められる村をめざして

第4章　自治をつくる学びと協働

第1章には九本のレポートが掲載されていて、いずれも「小さな自治」の担い手の報告である。小さな自治の集合体ともいうべき「住民主体の村」がどのようにしてつくられているのか。また、岡庭村長がすすめた阿智村政を支えてきた住民の実践の歴史とその内実を知ることになるであろう。

第2章は、阿智村における新たな課題に挑戦する動きを紹介する四本のレポートである。これもそれぞれ「小さな自治」の担い手の報告であるが、これからの阿智村をつくっていく新しい取り組みとそれを担う若者が登場する。

第3章は、岡庭一雄前村長の「住民主体の村づくり」論の展開である。岡庭村長が四期一六年間で築いたものは何か。憲法に裏打ちされた岡庭氏の地方自治論と公民館論、社会教育論は原理的であると同時に実践的である。さらに住民主体の村を支え、住民と協同する自治体労働者について語り合う鼎談は、自治体現場の若い職員へのメッセージにもなっている。

第4章は、岡庭村長がすすめた阿智村政とは何か、これからの阿智村政はどう発展できるのか、そして阿智村の学びと協働を全国に広げていく意義はどこにあるのか。阿智村調査七年間にわたる社会教育・生涯学習研究所の調査研究の総括になっている。

政府は「まち・ひと・しごと創生基本方針二〇一六」に基づき、地域の集落維持や課題解決のために「地域運営組織づくり」と「小さな拠点づくり」を進めている。「小さな拠点」か「小さな自治」か、今まさに地域をめぐってのせめぎあいは、単なる名称の問題ではない。

私たちが求めるのは、統制的な動員型の拠点ではなく、人びとが自由に協同する「小さな自治」にある。地域に小さな自治がたくさん育ち「住民主体の村」が生まれる。そしてそこには必ず住民の「学び」と「協働」がある。小さな自治（住民協同）はやがて大きな自治（自治体）をつくる。その展望がこの阿智村から拓かれると私たちは確信する。

これから公務員や社会教育の仕事をめざす人たち、あるいは全国の現場で社会教育や地域づくりに取り組んでいる人たち、そして阿智村のみなさんに本書を届けたいと思っている。

二〇一八年一月

編　者

自治が育つ学びと協働　南信州・阿智村　目次

第❶章
村をつくる住民の活動の広がり

阿智村がめざした「住民主体の村」とは何か、そしてそれを築いた力はどこにあったのか。第1章では、村民が語る多様な活動や運動のなかに、その意義と活動の源泉を考えてみたい。

①伍和地区の自治会女性部がＮＰＯをつくって地元野菜でお弁当や配食事業を展開。②農協から見放された村の農業。小さな農家が協同する産業振興公社が農業振興をはかる。③第五次総合計画の柱「全村博物館構想」。それは住民が地域を知り地域を再発見する活動でもある。④このままでは子どもたちが戦争にとられる、と女性たちが平和学習を始めた。⑤二〇一三年に満蒙開拓平和記念館が開館。満蒙開拓の歴史の真実を語り継ぐボランティアガイド。⑥村の五六の集落が八つの自治会をつくる。自治会は話し合いを重ね、民主主義を学ぶ場。⑦村の社会教育研究集会は二〇一七年に第五〇回を迎えた。平和分科会は研究集会の大きな柱。⑧村議会は話し合いと学習を基礎に、全会一致を原則にする。⑨園原インターチェンジは智里西地区住民の協同の力が結実したもの。

ここで語られる実践は、住民が自由に学び、村づくりをすすめる協同・自治の姿である。そしてそれを支える役場や議会を忘れてはならない。さらに、活動のあらゆる場面で話し合い・学び合いが多様に展開されていく。これが「住民主体の村」阿智村の姿である。

1　地元の野菜を使った「ごか食堂」

ごか食堂の始まり

伍和地区の風景は素晴らしく、中央アルプスから南アルプスまで一望できるので、写真を撮りに県外からたくさん人が来る。けれど伍和地区には食事処がない、ということが自治会で話題になった。そこで自治会女性部が、地元産の野菜を「美味しく食べられる場所を」と呼びかけ、三〇代から八〇代の女性が五〇人ほど集まった。それが、ごか食堂の始まりだった。

私は、二〇歳から三〇年間、農協で食生活の改善に関わる仕事をしてきた。五〇歳の時、農協の福祉施設の立ち上げにかかわった。六〇歳の定年退職後も福祉の仕事を続けたいという気持ちはあったが、ごか食堂ならば食を通して福祉もできると思った。

ごか食堂の前で

普段から地元の野菜を食べていると、その味が当たり前になって、美味しさに気づけなくなる。遠くに住んでいる子どもたちに伍和の野菜を送ると、本当に美味しいと言ってくれる。そんなに美味しいものならば自分たちだけで食べるのはもったいない。伍和の美味しい野菜をもっと知らせたいという気持ちもあって、ごか食堂をやりたいと思っていた。それが、ごか食堂でＮＰＯ法人を立ち上げることになって「責任者やって」ということに。社会福祉法人を立ち上げたこともあったので引き受けたが、ＮＰＯの立ち上げは思ったより大変だった。

ごか食堂のコンセプト

ＮＰＯ法人「ごかの風」の会員は四〇人いる。会員のなかには金融関係にいた人、公務員、農業をしている人など、さまざまな職業経験をもつ人がいる。多様な人たちの力を借りれば、いろいろなことができると思う。

ごか食堂に集った女性たちは、何十年も料理をしてきたベテランばかりだから、「私はこうやってきた」「味はどうだ」「切り方はこうだ」とか言って、トラブルになることもある。毎月一回情報を共有する時間もあるので、おかしいと思うことは話し合いをするが、話し合いに行き詰ったときにはコンセプトを確認するようにしている。

このコンセプトは役場の職員も交えて「ごか食堂で大事にしたいことは何か」ということを語り合って作ったもの。定例会などでこのコンセプトを出して、「これに向かってやるんだよ」と再確認する。それが一番強い。だから変な方向に行ってしまうことはない。

> **ごか食堂のコンセプト**
> ①地元で採れる旬の野菜や果物などの農畜産物、野のものを使う。
> ②地域に伝わる食文化を知り、伝える。
> ③誰もが地域で楽しく暮らせるあたたかい伍和を目指す。
> ④つくる人、食べる人、みんなの笑顔をつなげる。

ごか食堂の運営と配食事業

普段のごか食堂は予約制にしている。隣にある満蒙開拓平和記念館は火曜日が休館日なので、お客さんが来ない。その日を使って、一一時半から一四時まで「わいわいカフェ」にしている。親子で来てくれたら、おにぎりとかコーヒーとかを提供してゆっくり話してもらおうと思っている。

ごか食堂に食べに来るのは村外や県外の人が多い。伍和の農家の人たちは「めいきん生協」のみなさんと野菜セットで産直交流をしている。伍和で取れた野菜（きゅうり、トマト、ナス、ピーマン、その他旬の野菜）を朝のうちに出すと、生協の人が集荷して会員の人に配る仕組みになっていて、生産者と消費者との交流をしたいと、ごか食堂に来てくれる。生協との打ち合わせで来てくれる人も。私たちは観光会社にPRに行かないので、何かの縁で伍和に来て食べてもらうことが多い。

年に一回三日間のイベントとして「カレーの日」を企画している。普通のカレーだが、多くの人たちに自由に立ち寄ってもらいたいと一食五〇〇円に。三日間で八〇人くらいの人たちが来てくれる。地元の人に「こういう場所があるんだ」と知ってもらえればと思う。

お弁当の配食事業は、週三回（月一二回）行っている。個人契約になっていて利用登録した人に届けている。利用総数は一日四〇食、月に四三〇食くらい。お弁当は三班に分かれて作り、役場の栄養士さんに栄養のバランスを見てもらっている。社会福祉協議会の配食ボランティアが一一時頃に来て、四コースに分かれて配る。一番遠いところは清内路地区。浪合地区にも届けてくれと言われたけれどそこまで行けないので、お弁当は浪合地区にある社会福祉協議会のデイサービスで作ってもらっている。お弁当の材料は朝のうちに仕入れ、作り置きはしないで新鮮で安心して食べられるお弁当を作ろうと心がけている。

役場職員の関わりと村づくり委員会

前の勤めでは目の前の仕事をこなすことに追われていたが、ごか食堂で働き始めてお客さんに喜んでもらうとか、人と人とのつながりのなかで仕事をしていることが感じられるようになった。伍和地区は美味しい野菜が採れる農業地帯であり、伍和の野菜を村の人たちにもっと食べてもらいたい。それで伍和の農業生産をあげることにつながればいいと思っている。

それから、これまであまり関わりがなかった人たちとも一緒に活動ができている。ごか食堂に関わるなかで活き活きとする人たちも出てきていると思う。

これも役場職員の関わりがあったおかげだと思う。ごか食堂の立ち上げの時には、何をどうしたらいいかわからなかった。「公民館主事に手伝ってもらえよ」と当時の村長から話があって、一緒に考えてもらった。中央アルプスから南アルプスが一望できる場所を探していたが、適当なところがなくて困っていたら、役場で土地を貸してくれることになった。ＮＰＯ設立の時に公民館主事にかなりの部分を手伝ってもらった。公民館主事がいなかったらＮＰＯ法人の設立はできなかったかもしれない。今でもその主事さんにはいろいろ手伝ってもらっている。今は、役場主催のイベントで弁当の注文もある。「わいわいカフェ」も、地域包括支援センターの人たちがサポートしてくれる。

村で小さな団体が活動できているのも、村づくり委員会の制度があるからだと思う。ごか食堂に取り組むまでは、村づくり委員会のことは全然知らなかった。「研修に行くにもお金がかかるからどうするか」という話になって「村づくり委員会から出るよ」とか、どんどん教えてくれた。役場のそういう支援があって、ここまできている。現役で仕事をしている頃は、役場というのは事務的に仕事をしているとばっかり思っていたけれど、自分たちが活動しやすい場所と情報を提供してくれるので、今では役場は地域おこしをしてくれるところだと思う。

ごか食堂のこれから

ごか食堂は地元の人たちがもっと気楽に来ることができ、ゆっくりと昔の話をしたりできる場になればと思っている。食育もできればと思う。若いお母さんたちが集まれる「わいわいカフェ」でやっと一歩を踏み出せたところ。これから認知症カフェも開催したいと考えている。ごか食堂のメンバーは高齢になっているので、今後は若い人たちにも引き継いでやってもらいたい。

また清内路地区には伝統料理がたくさんあって話題になるけれど、伍和地区にはそういうものが少ない。でも、伍和は美味しい野菜をしっかり作って、野菜嫌いの子どもたちに食べてもらいたいと思う。中学生の民泊の受け入れを一五年来行っているが、その子どもたちのなかには、野菜が嫌いな子とか野菜のアレルギーの子がいっぱいいる。何で食べられないかと聞くと「まずいから」というので、採れたての野菜をすすめると食べられたりする。もっと子どもたちに、日本にとって農業がほんとうに大事な産業であることを話したいと思っている。

（園原幸子）

2　小さい農業の協同をめざす産業振興公社

大型農協から見放された兼業農家

役場と議会が宮崎県綾町《あやちょう》の有機農業を視察に行き、阿智村もこれからは有機活用農業をやらなければだめだということで有機活用農業推進条例（二〇〇五年）が制定された。それから有機活用農業が始まった。その実践組織が営農支援センターだった。

当時は農協が合併して大型農協になり、阿智村のような小さな農家の農業はほとんど大型農協から見放されたようなもので、これでは阿智村は荒地の村になってしまう。阿智村は、昔は五反百姓でやっていた。それでは家計がもたないということで、兼業農家になった。俺は〝残された農家〟だといってる。

村は、工場誘致条例（一九六三年）をつくって、盟和産業とか工場を誘致して働きの場を作ろうとした。若い者は勤め人になって、給料をもらうようになった。そういうものの弊害で土地が荒れることになった。農地を守っているのは高齢者で、土地が荒れて作り手がいないという状況になった。営農支援センターでは、高齢者に一坪でもいいから耕せと励ました。農協がだめなら行政が支援しなければ、村はどうにもならんようになる。家に残された高齢者たちに、もうひと頑張りしようと励まして、栽培推進運動をやった。いったん衰退した農業を活性化させることほど難しいことは

阿智村認証マーク

ない。

毎日のように職員が出かけ、こたつに当たりながら話をして、一畝でも一反歩でもとにかく自分の土地を耕し、できたものは営農支援センターが有利販売するからと栽培推進を広めてきた。

営農支援と有利販売

その取り組みを拡大し発展させるために、営農支援センターから産業振興公社（二〇一〇年）にした。生産がなかったら何の拡大にもならん。もう一度、農業に目覚めてもらうには、苦労するだけでなく、お金になることが必要だった。

そこで、売り場がなければ有利販売はできないから売り場を作ろうと、最初に考えたのが中央道のサービスエリアだった。道路公団に村のものを直売したいとお願いしたけど、場所がないということで取り合ってくれなかった。そこで霞が関まで行ってお願いした。野菜の試食もしてもらった。あとで、おいしかった、東京では買えないものだし、地域の人がやるのは大事だからやりなさいと言ってくれた。それから販売はネクスコでやるというので、俺はそれではだめだと言った。農家が自分で売らなければだめなんだ、作らない者が「おいしいですよ」と言えるわけがない。それで、特例として認められた。これが有利販売の最初の店舗だった。

次に、名古屋の生協のセット野菜に取り組んだ。もとは農協がやっていた。三品目、五品目の月がある。生協から、このセット販売を公社でやってくれんかという話が来た。農家の手取りは今まで三〇〇円だったが交渉で四五〇円になった。これだけでも農協とは違った。阿智村の野菜は人気があるということで、生協の店舗に阿智村コーナーをつくることになった。

名古屋の猪子石《いのこいし》の朝市は、岐阜県や愛知県内から家庭菜園のものを持ってくるような市場で、朝一時間のうちになくなってしまう。俺はここに入ろうと思ったが、そこは組合でやっていて、阿智村の公社が入ってきたら自分たちのものが売れんようになると言われ、なかなか難しい。それで、うちのは余ったものでなく、いいものを持ってくる。いいものがあって、値段が安くて規格外のものもあってお客が来るのだから、と。そういう交渉をして、組合の人たちも納得してくれた。

いろんなイベントにも参加した。名古屋のテレビ塔の下で、年一回やっている〝ふるさと市場〟。名古屋には阿智村からも大勢行っている。そういう人たちが来てくれる市場にも参加している。小牧飛行場のある豊山町《とよやまちょう》は旧清内路村と交流があって、町長は、阿智村のものなら何でも持って来いというような面白い人だった。国際空港計画がだめになったところがショッピングセンターに変わって、豊山町だけでブースをやっていた。町長が、米がないから米も持って来いといって、今でもイベントだけはおつきあいをしている。

今は中津川駅のすぐ横でダイエーが撤退したところに毎日のように販売に行っている。中津川には果樹がない、柿も梨も林檎もないので喜ばれた。しかしそこはテナント料が高かった。うちが一番売り上げが多かったので、テナント料を安くして、売り場を倍にしてもらうという交渉もやった。

国の農業政策の対抗軸と産業振興公社

産業振興公社は、農協がやらないことをやっている。生産の推進を指導して、それから販売へ結びつけるというのが公社の基本だ。農協はそれをやらずに販売物だけはほしいという。公社は小さな村の小さな農家でお年寄りのやることだから、年間一億円を目標にしている。はじめは、年金生活者がやっとるわけだから、年金＋五〇万円の収入だった。だんだん実績を上げてきて、いまでは平均一〇〇万円になった。中には二〇〇万円、三〇〇万円の人もいる。家庭菜園のあまりものをもって来てでも、収入を上げるという意欲が大事だ。俺が理事長を辞めて二年になる。売り上げ一億円のめどがついたということで辞めた。

公社は行政の支援があるからできている。今の農業振興を行政からの財政支援なしにやれといったら絶対にできない。行政の予算、それも人件費だ。農産物から利益を上げて人件費を払おうと思ったら、農協のように手数料を一八％、二〇％取らないとやっていけない。公社の手数料は一〇％にもならない。だから農家は手取りが多くなっている。それから値段も規格もちょっと緩めにしている。公社は公社の売り場で売っていくわけだから、うちはうちの規格でいい。そういう面でも農家にとって公社が農協より有利になっている。

もっと有利にしないといけないと思うが、一番の問題は国の農業政策が五反百姓を農業として見ていないことだ。国は阿智村の農家なんか百姓と見ていない。二〇haを集積したものでないと補助金も出ない。本当は中山間地農業に補助金を出さなきゃいかん。新潟のように一mの土手で田んぼ二〇haに集積できるような土地とは違う。阿智村で五haの作業やったら、みんな畦畔の草刈りで死んじゃうよ。耕作面積と畦畔面積と同じぐらいある。

阿智村の農業は国の政策から見放されているが、国に頼っていてもだめだと俺は思う。どうやって阿智村の農業は生きていくか。これにはこだわりが必要なんだと思う。やっぱりブランド品を作らないといけない。ＴＰＰはアメリカ抜きでもやる。関税なしの貿易がどっちみち始まる。そうしたときに日本の農業はどうするかといったら、安いものを買うお客と、安全安心で日本のものを買いたいというお客に分かれる。その分かれた人たちに買ってもらえるようなブランドをつくっていかなければいかん。

中山間地の農業はもうブランドしか生きていけないだろう。そのことの下積みを公社が設立から目標としてやってきた。阿智村の農産物のブランド化、これをしないと阿智村農業は終わってしまう。公社では、阿智村認証マークをつくって、これがやっと中京圏で浸透してきている。日本の国の農業政策に逆らって生きていくというのはよっぽど自分たちがアイデアを出して自分たちで作り上げていかないと駄目だ。

いい堆肥が土壌を改良する

有機活用農業の有機を作るには堆肥センターを作る必要がある。完熟堆肥をつくること。今まで使ってた生堆肥は、土壌で分解するのでガスが出たり、生育障害とか病気の原因になった。完全堆肥は土壌に入れてから分解しない。保水、排水もよく、有機質が入れば土壌は改良される。ミミズが出てくるような土になってくる。

この堆肥センター建設には大変苦労した。まず悪臭に対する問題。私は抗がん剤でふらふらしてる時に、土地交渉に行った。栗矢の衆に説明して、農作物に病気が出るのは土壌ができていないからで、いい堆肥が土壌には必要なんだ。村中が一番いい堆肥を使えるようにしたい。臭いがするとかハエが湧くとかいうが、自然発酵で温度が八〇度以上になるから、ハエの卵も雑草の種も死滅してしまう。心配ないからぜひつくらせてほしいと説明して、やっとOKがでた。そこで、畜産農家が全部出て小屋やなんか片づけて、重機で造成し、土地交渉もして自分たちでやった。そういう苦労をしてできた堆肥センターでいい堆肥ができても、ものが売れなくては困る。売れるようにするのは大変だったけど見通しがついたので、もうこれで終わりって、それで辞めた。いつまでたったってきりがない。俺が辞めて岡庭村長も辞めたのでちょうどいいんだ。

（村澤　勲）

堆肥センター

3　全村博物館構想は村づくりの基本

全村博物館構想のはじまり

私は、東山道・園原ビジターセンターをつくるということで採用された。それが今から一〇年くらい前のこと。当初は発掘調査があったので、東山道にビジターセンターをつくるとなると、当然、考古学の分野が必要だということで、博物館の関係からエコミュージアムの流れで全村博物館構想（「全村博」という）もあって学芸員を入れようということだったと思う。最初は教育委員会社会教育課の配属になって、その後に正職の採用になった時に、教育委員会に籍を残したまま協働活動推進室（後に課へ昇格）に八年間いた。

もともと東山道《とうさんどう》神坂《みさか》総合研究所というＮＰＯがビジターセンターを構想していた。その冊子に付属のかたちで全村博が出ていた。それで、全村博をどうすべきかと、村長が文化財委員会に諮問し答申された。

栗谷の無礼講のチラシ

認定地域資源制度は全村博の〝見える化〟

全村博は、地域全体を屋根のない博物館に見立て、地域の資源を守り、活用し、地域づくりに生かそうということだが、名前がわからんとか、何やっとるかわからんとか、いろいろあって、五年くらい前に〝見える化〟しようということが議会で言われた。太宰府市に「市民遺産」という制度があるが、それを参考にして「認定地域資源制度」をつくり、何を地域資源として守っていくのかを打ち出した。村としては、地域資源を案内する看板を設置するという仕組みをつくって、地域資源の保護・活用にここ二年ぐらい取り組んでいる。

認定地域資源制度と文化財保護制度との整合性はどうかというと、文化財保護制度は国の制度に基づいて村が指定して守るためのもので形式が重視される。認定地域資源制度は建物であれ、景観であれ、文化であれ、住民の思いで、形式上村が行うが認定できる、そこが違う。認定地域資源制度の方が自由だ。文化財は物が大事で、認定地域資源制度はもっと広い。

地域をまるごと博物館に

看板はなかなか個々の要素で設置するというのは難しいので、地域で認定地域資源として集まったところにつけている。認定には、かかわっている団体を大事にしている。認定の利点は村が広報活動を通じて支援できること。いずれはこの制度を活用して村独自の事業として、資源を持ってる人や保護・活用している人を支援するようなことが考えられる。

看板にホームページをリンクさせて、各自で情報を見ることができるようにできればいいなと思う。なぜ看板かというと、地域を一つのエリアにして、地域をまるごと博物館に見立ててそこに看板をつくるというかたちにしている。

全村博には骨格がないというイメージがあるので、骨格をつくるのに条例ないし要綱がないとやっぱり不安だと思う。その点では認定地域資源制度を活用できると思う。

可能性を見ているのは〝山・登山・トレッキング〟。これも認定できる。団体ともかかわれる。たとえば、恵那山というのは地域資源になる。そこに案内人がいて申請団体になってくれれば認定できる。認定地域資源制度の特徴は単純に物について認定するのではなくて、それを活用する団体があって行うもの。人を認定してもいい。そこが文化財条例と違う。文化財の場合は物が中心なので活用団体まで考えているわけではない。

地域の資源を守って、活用して、地域の資源の魅力を掘り下げていくことが大事。こういう活動は楽しいことが前提でなければできない。理想的なのは「栗矢の無礼講」だと思う。認定地域資源で観光をどう考えるかという論点もある。観光というと、あくまで地域交流の資源としてとか、地域のニーズがあるからとか、それとの関係が出てくる。あとはどういうふうに遊ぶか、そういう提案をどういうふうにしていくか。

（中里信之）

伝統行事の再生「栗矢の無礼講」

私たちが地域で取り組んでいる「栗矢の無礼講」というのは、収穫に感謝し、神社に舞や太鼓や神楽を奉納するという伝統行事を再生させた芸能舞台である。そもそもは昼神温泉旅館の社長と舞台芸能師の加藤木朗さんとが阿智のお祭りイベントを企画していて、場所を探していた。伍和地区に加藤木さんと親しい人がいて、神社を使わせてほしいと頼んだことから伍和の栗矢八幡神社でこの企画が始まった。毎年九月に二週間、毎夜、黒丑舞、人形舞、二胡、和太鼓、ヴィオラなどの舞や演奏が日替わりで行われる。

はじめは何をやっていいかわからなかったが、昼神温泉のお客が口コミで来るようになった。地元でも農産物の販売など協力してくれる人も増えてきて、実行委員会主催で一〇年続いている。観客が一夜かぎりの〝里人〟となって、地元の人と共に一年の多幸を感謝するというコンセプトが喜ばれ、帰りに「よかった」という感想をもらって自信がついた。

あまり宣伝しないこと。口コミだけで来てくれればいいと思っている。一〇〇人以上きたら収拾がつかなくなる。儲けを目的にやっているわけではない。素朴にやっていて自分たちが楽しんでいる。それでもお客は増えて、今は昼神温泉のホテル・旅館が交代でバスで送迎してくれる。

お祭りが地域を維持している

全村博が今でもよくわからんといわれる。屋根のない博物館といってみても、それでもよくわからない。全村博は幅広い文化活動だ。自分の足元の文化を大事にしていこうという活動。高齢化し、世代が変わっていくなかで、活動に時間を割くのは現役世代にはきついが、いろいろやりたいことはある。地域で引き継いできている財産がいっぱいある。形のあるなしにかかわらず、それがどんどん忘れられていく。今の世の中、失われていくものがけっこうある。

お祭りができなくなるとその地区はもう衰退していくと思う。栗矢でも八〇代の元気なお年寄りが多く、一生懸命今まで維持してきた田んぼがもうできないということが実際おきている。周りの人が、なんとか支えようという動きも出ている。そういう時に連帯感がないと何もできない。戦後ずっと頑張ってきた八〇代の層が厚くて、いよいよそこが変わっていく心配があるが、お祭りができているうちはなんとかなると思う。

協働活動推進課に相談すれば

こういう活動に役場はあまり口出ししないほうがいい。去年あたりから認定地域資源制度という仕組みを作ってくれたことは、進んだなという感じはするが、認定が目的化してしまって、それに追われるのはいやだ。今は連絡会という形で、全体を見ながら必要な予算要求もできるようになればいい。その道筋はまだはっきりしていない。

連絡会には村の総合計画策定に向けて提言できる力はない。そこは行政が考えることだが、どうしていくか我々も考えていかなければと思っている。協働活動推進課の役割は重要で、発足当時に立ち返ってほしい。自治会が立ち上がった頃に協働活動推進課ができた。村民が、こういうことがやりたいけど、どういうふうにやればいいかと相談し、ついては力を貸してよと頼める窓口だった。行って話をすれば何か動きができそうになるということがあったが、いまはそういう雰囲気がない。

地域で頑張っている人が協働活動推進課に相談すればもっといろいろ展開できるということを知ってほしい。一緒に悩んでくれるだけでもいい。

全村博は村をつくっていく基本

全村博は第五次総合計画の基本に位置づく。策定当時、議会でずいぶん論議した。村の今後をつくっていく根本の部分である。自分たちの地域をよく知って、思いをはせて地域をつくっていくことであり、職員も住民も共有していかなければ村の未来はない、という勢いがあった。全村民がそれぞれの足元をよく見て行こうと、それがスタートだった。

こういう時代に地域を活性化させることは、呼び込み型では絶対無理だし、地元にあるものを活用するしかない。そうすると農業も出てくる。阿智の農業の可能性はどこにあるか。専業でもアップアップのところもあるが、若い人の就農も増えていて、自分たちの足元の可能性をきっちり見ている。私たちは足元を見ずにやってきた世代だ。誘致した企業に勤めて一番いい時代を過ごさせていただいた。恩返しではないが、その分、地域に貢献していきたいと思う。

（井原正文）

4　女性の平和学習と運動

女性の平和学習会の誕生

女性の平和学習会実行委員会は、現在の政治状況などを女性が積極的に学び、家族、地域の輪のなかで発信していくのがねらいで二〇一四年一〇月に始めた。最初に実行委員を選び、一ヵ月おきに実行委員会をやり、一ヵ月おきに学習会を開いている。実行委員会は一三人で構成し、委員は「あの人なら入ってくれるだろう」ということで推薦して入ってもらう。学習会は全村の女性を対象に実行委員会で企画するが、公民館と一緒に開催することもある。

女性の平和学習会の様子

これまでに「子どもが戦争に行く?」「集団的自衛権とは?」（岡庭一雄）というテーマで講演会をしたり、映画『標的の村』を上映した。それから公民館の社会教育研究集会では「未来の子どもたちに平和を引き継ぐために」という分科会に参加し、講演「集団的自衛権をめぐる経過」（宮下与兵衛）を聞いた。その他、ニューヨークのＮＰＴ再検討会議に参加した報告（鈴木美穂）や「新聞記者になって考えた平和」（前野聡美）、「戦争を許さない地域をつくる」（高田健）、「憲法とは何か」（成澤孝人）、「幸せのための憲法レッスン」（金井奈津子）、「互いの生命を大切にする社会をつくる」（池上洋通）、「日本軍の慰安婦とは何だったのか」（金富子）などの講演やＤＶＤ『日本国憲法の誕生』、

人形劇『戦争だけはやめておけ』などを主催・共催で開催した。（石原朝子）

女性だけで集まる意味

集団的自衛権の行使容認などという、平和を脅かす話題がいっぱい入ってきたことから、私たちは勉強しないといけないなということがきっかけだった。集団的自衛権について何も知らないし、憲法とは何かということも本当の意味では知らない。憲法九条を守る「九条の会」にみんな入っていたが、それとは別に女性たちが立ち上がらないと、このままでは子どもたちが戦争に行ってしまうという危機感から、少しでも学習しようということだった。

婦人会の総会のとき、議長をしていた岡庭幸子さんが「政治に関して普段何も言わないうちの嫁が、きょう集団的自衛権が国会を通った、とすごく怒って職場から帰ってきた。自分の子どもたちが戦争にとられてしまう。私たちも勉強しなければいけない」と話されて、会場から拍手が起こった。私は婦人会の集まりで、平和のことを訴えて、拍手が起こったことにもびっくりしたが、それが多分きっかけで、「女性で集まりましょう」となったと思う。

「女性だけで」というのは、子どもや孫を戦争にやりたくない気持ちが強いこと。それと男性が入って一般の会にすると女性がなかなか出にくいし意見が言いづらいからだ。

集団的自衛権の話はあまり一般的に話されていない。実行委員会や学習会では、平和という一つの目的を持っているので、安心感を持って普段話せない自分の考えも話せる場になっている。隣りのおばさんに「平和ってどう思う?」「集団的自衛権ってどう思う?」と聞くと、「私は分からないわ」って言われてしまうが、ここにくれば関心を持っている人たちが集まっているので、「もっと勉強しないとね」という話し合いができる。

（寺田眞由美）

子どもの文化を考える会

私は「子どもの文化を考える会」というグループで毎年、夏休み親子映画会として戦争を考える映画会を二四回やってきた。ある時、息子から「お母さん戦争が怖いことは分かったから、もう戦争の映画は見たくない、もうやらない方がいい」と言われて、戦争の映画はやめてしまった。それからは、私たちの仲間が集まると戦争の話になるが、家では戦争の話はしない。それと、戦争を経験したおじいちゃん、おばあちゃんに「お孫さんたちに戦争の話をしますか?」と聞くと、「昔の話は聞きたくないと言われる」という話を聞いたので、それだったら、戦争体験者の話を聞く本をつくろうということになった。『おじいちゃ　おばあちゃの戦争の話をきいてな』という本づくりを始めたが、「戦争は嫌だ」という気持ちがずっと私の頭のなかにあったんだと思う。（その一）を二〇〇七年八月に、（その二）を二〇一四年八月に発行した。

（石原朝子）

平和を主張しても特別視されない

私はあまり平和について若い頃に考えたことはなく、ちょうど大学紛争の時代で、高校が東大の近くにあったため影響が非常に大きく、紛争で学校は封鎖された。父親は軍属にいて、両親とも中国からの引揚者だったのでいろんな話を聞いた。当時、「朝鮮人が悪い」という噂が流されると、両親が「事実を知らないで批判してはいけない」と言っていた。また、会社で私は全国金属という組合に入っていて、けっこう組合が強かったが、あるときコロッと体制が変わってしまい、世の中ってどうなっているのかと思った。阿智村に来たときに、夫がピースウォークに参加するようになって、平和について話し合うようになり、「きちんと考えなくてはいけないなあ」ということで今につながっている。

阿智村では、都会と違って、平和に対して身近に同じ思いの人がいて参加しやすいし、別に特別視されるわけでもないので、自己主張できると思った。

（寺田眞由美）

憲法九条を守り広めるあちの会

私は二〇〇四年に水戸市から阿智村にUターンで帰ってきた。ちょうどその頃、全国的に「九条の会」が立ち上がり、飯田でも「憲法九条を守り広める会」の準備会があり、阿智から四人参加した。集会の帰りに喫茶店で、「九条の会をつくろう」という話になった。ちょうどその翌日、公民館に畑田重夫先生が講演にくることになっていたので、いいチャンスだから準備会開催を呼びかけようとチラシをつくり、講演のあと、「阿智で九条の会をつくる準備会を開催します」と発言したら、畑田先生が「すばらしい。阿智でも九条の会ができるんだね」とすごく喜んでくれて、帰るときに「阿智の会にはいりますから」と言われた。今も畑田先生は阿智の会の会員になっている。準備会に六人ぐらいが集まり、会員を募ることにした。「今、政府は九条を変えて日本を戦争のできる国にしようとしているが、日本が長い間、戦争しなかったのは憲法九条のおかげだよね。九条の会に入ってね」と声をかけ二〇〇人の会員が集まった。二〇〇五年九月、「憲法九条を守り広めるあちの会」（以下「九条の会」）が発足した。その発足集会で特攻隊だった岡本勝夫さんの体験談を聞いた。ゼロ戦が海に落ちて、三重県の漁師が助けてくれ、一命をとりとめた。海に落ちて、自分はもうだめだと思った時、「天皇陛下」という言葉ではなく「お母さん」という言葉が出た。あのときの漁師に会いたいと思って戦後、役場へ行って探したが、その漁師は亡くなられ、息子さんにお礼を言って帰ってきたという話をされた。私の心に残ったのは、「ゼロ戦から海に落ちて助かったのは偶然ではない、努力の頂点に偶然がある」という言葉だった。岡本さんは「若い人たちが九条の会をつくってくれることはとても嬉しい。九条を守って戦争をしない世の中になってほしい」と体験談で語られた。それ以降、岡本さんはあちこちの九条の会に呼ばれ、今まで話をしなかった体験を話されるようになった。

「九条の会」を発足させていくなかで、阿智村というのは真剣に平和について考え、共感してくださる人がたくさんいて、素晴らしいところだと思った。

（原佐代子）

5　国策に翻弄された満蒙開拓を語り継ぐ

満蒙開拓平和記念館ができるまで

満蒙開拓平和記念館（以下「記念館」）づくりの本格的な運動がはじまったのは二〇〇六年だった。

日中友好協会のバックアップで、記念館設立準備会として始まり、私が二〇〇八年七月に協働活動推進課に着任した時にはすでに活動を始めていた。月例会には県会議員も市会議員も来ていてよく続くなあと思った。担当者として何にも知らないのはいけないので、状況だけでも聞かせてもらおうとできるだけ会議に出席した。そこでは、国に言っても駄目だとか、窓口がないぞとか困っていた。どこそこに要請に行こうというルートを決めたりしていたが、これではできないなあって、私はその時思った。

それから、用地を阿智村が無償提供することが決まると、運動は本格化し、どういう建物にしようか、予算がどれくらいかかるか、どういう運営形態にするのか、どういう展示をしたらいいのかと話し合った。その前段で、記念館で展示するもののプレイベント「パネル展」を開催した。そこでは体験者の話を連続して聞くということを十数回行った。

私はこういうのに人は集まらないと思っていた。自分がひどいめにあったことなど人にしゃべり

満蒙開拓平和記念館のガイド

った。

たくない話だし聞きたくもない。しかし、コミュニティ館で体験者の話を聞いて、公民館のロビーでパネル展をやったら、二〇〇〇人近くの人が来た。会のメンバーはこれで開館に向けて自信をもった。

阿部知事が誕生して役場に挨拶に来た時に、このパネル展示を見学してもらった。するとテレビや新聞でも毎日報道され、県でパネルを作る資金（元気づくり支援金）も出してくれ、パネルの貸し出しもした。それでもなかなか記念館設立は進まない。それから、町村会、広域連合で予算を組むということになった。広域連合が予算を付けたら県も出すということになった。資金としては、寄付金が五〇〇〇万円集まり、それに市町村と県とが補助を出すことになって、二〇一二年にようやく記念館建設の計画ができて、二〇一三年の四月にオープンした。

建設が本格化するとみんな熱心になって、定例会では正式名称はどうするか。「きねんかん」の「き」は「記」か「祈」か、など熱心に話し合った。事務局に一人パートを増やして、常駐は三沢さんに。開館一年前には、三沢さんは倒れるくらい大変だったと思う。展示パネル一枚にしても業者との折衝やら予算やら何から何までやった。

村は二〇一二年の予算一三〇〇万円で敷地の土地を造成、周辺部の舗装などの予算は一般財源でやった。村に寄託された戦時中ポスターや、中国残留孤児の手紙は村から記念館に貸し出すというかたちになった。

記念館を支えるピースラボ

ピースラボというボランティアグループが、住民向けの学習会を開館前から定期的に開いていた。開館してからその成果が大きく出た。

役場を退職して私もガイドになったが、人に話すときに、自分にいかに知識がないかということに遭遇する。それで自分で積極的に事前学習なり事後学習をする。それはまさに社会教育だ。だから記念館は社会教育施設なのだ。ガイド活動には、自分で目標を立てて、自分が勉強して人にガイドして、また自分自身が勉強するという学習のサイクルがある。本当にすごい。日本人に欠けている近代史の学習に私も加えてもらって勉強させてもらっている。

記念館にはいろんなボランティアがいる。ガイドはやれないので体験者を送り迎えする運転手ならできるという人もいる。掃除や受付ならできるという人もいる。それから周りの草刈りだけやるという人もいる。そういう人がいなければスタッフだけではできない。村内にもっとボランティアを増やしたい。

ピースラボのメンバーは身銭を切って勉強に行く。去年の九月に、私ははじめて旧満州に行ってきた。見ると聞くとではずいぶん違う。いかに広いかがわかった。実際に体験者から聞いた話、体験者が書いたものからの話、そういうものを大事にしながら、歴史を学んでいく。

メンバーも一回七〇〇〇円の受講料を払って勉強する。秋に三回か四回学習会をやるけれど、必ずそれに出る、そうやってさらに確認している。だから身銭を切ってでも自分の知識を増やそうとしている。

ガイドでは中学生や高校生、小学生に、どういうことが問題なのかということを伝えないといけないが本当に難しい。教員でも理解していない人がいる。しかも学校によって差がある。そこで標準的なカリキュラムを提示、提供しようというのが今年の目標である。

満蒙開拓の事実を伝える記念館

記念館では、来た人に怒って帰ってもらっちゃいかんということになっている。考え方は自由だが、ハルビンに七三一部隊というのがあってというだけで、そんなの嘘だと叫ぶ女性もいた。お前の言うことは間違いだと決めつける人もいる。本当に毎日が真剣勝負。日本で一番ホットなところだ。ここでは事実だけを話すことに心がけている。自分の意見は言わずに。しかし、考え方として、これはこう考えるということは伝えている。

なかには喧嘩腰でくる人もいる。そういう時は実際の体験者の話で反論ができないようにする。それであなたはどう考えますかと問うことが大事だ。満州移民から満州棄民になったというのは事実なのだ。三分の一以上が飢え死にか病死、これは間違いない。その事実をあなたはどう考えますかと問いかけるのだ。

満蒙開拓平和記念館

天皇陛下は戦後七〇年の元旦の挨拶で、満州事変にはじまる戦争の歴史を国民はしっかり学ばないといけないと話された。日本政府は一回も総括していないのだから、国民が総括して考えないといけない。記念館は、それを考えさせる教育施設として、今日多くの来館者がある。さまざまな戦争に関係する資料館があるが、このように自分がどう思うかまで迫る館が他にあるだろうか、日本の負の遺産を正の財産にする知恵を求める施設は、他にはないと考えている。これが阿智にあるのは誇らしい。

体験者が語り出すまで

満蒙開拓は棄民であった。農家の次男三男対策が大きな社会問題になり、国策として移民が行われて、戦況が不利になると捨てられた。当事者としてそれを昭和の時代には話せなかった。子どもを捨てたり、ひどすぎてそんなことは話せない。話してもわかってもらえない。話したら、なんだあいつは自分だけ帰って来てと非難されることになる。〝満州乞食〟と言われ差別されていた。だから、話せば自分の立場が悪くなる。自分の立場を守るため、周りに変に思われないためにも、話せなかったのだ。

ところが平成になってから、記憶を記録に残そうと『下伊那のなかの満州』という本を飯田市歴史研究所が二〇年間で一三冊発行した。ようやくこの七〜八年の間に体験を語れる状況ができた。

記念館では月二回、体験者の話を聞く会をやっている。時代の流れは変わったのか、聞く耳をもつ人が増えてきた。集団自決の話を聞く人が沢山来るようになった。修学旅行二〇〇人の子どもに語ることも多い。戦後六八年、一言も満蒙開拓を話さなかった人が周りの強い勧めで初めて口を開いた。そして「やっと俺の戦後は終わった」と。ようやく話せる人が出てきた、そんな時代になった。

役場職員にもっと学んでほしい

満蒙開拓について役場の職員はあまり知らない。職員も忙しいとは思うけど、若い職員にはせめて一時間、行政研修として取り組むことが必要だ。満州に阿智村からたくさん行った。清内路では六人に一人が行った。なぜそんなことになったのか。村づくりは、地についたことをやらなければならない。国の間違った政策に巻き込まれると、何がおきるかを学ぶことは大事だと思う。毎月順番で一時間、勤務時間内に体験者の話のビデオを見るだけでもたいぶ違うと思う。どうしてこんなことになったのかということをつかんでほしい。満州に一五〇〇人行って半分が帰って来ることができなかった。なんでそんなに死んだのか、それを考えるだけでいい。今でも満州の政策をわれわれは引きずっているのかもしれないことを考えてほしい。

とくに飯田・下伊那の中学二年生・三年生、それから高校生に来てほしい。県外から定期的に来る学校は決まっている。それと行政職員、ＪＲとかＮＴＴとかの労働組合で来るところもある。「歴史を学ぶのは未来においてわれわれのすべきことを考えるため」といわれる。前のめりになって課題になだれ込む日本人ではなく、後ろを振り返り、かつ未来に向け方向を考えるために、われわれが考えたい言葉である。そこにやっと到達したのだ。

（林　茂伸）

6　駒場区の自治組織の運営

自治会に関わるようになった理由

私は今、六七歳だが、ここ駒場区にずっといたわけではなく、四〇歳代までは地域のことは親任せだった。子どもの頃、私の隣家に写真家の熊谷元一さんが住んでいて、写真集を目にしていたこともあった。学生の頃から地域史に関心があり、私の祖先、祖父母、両親、そして地域の人たちがどんなことを考えてこの地域で生きてきたのかは非常に興味を持っていた。退職したら自分なりに調べてみたいという気持ちがあった。

仕事が一段落したあと、自分が考えていた課題意識が「全村博物館構想」とオーバーラップするところがあり、自分でも何か調べ、まとめ、発表するということに興味があり、それで駒場区自治会に関わるようになった（駒場区の人口約一二〇〇人、世帯数約三五〇戸）。村の自治会は、自治会という形になってから約一〇年が経過していた。

江戸時代末期からの歴史を調べると、自治という言葉は使っていないけれども、地域の人たちは自分たちで簡易水道をつくり、山の管理をし、地域に公共的なものを建てた。もちろん、それに行政からお金などを含め支援を受けているけれど、実際の記録等から地域の人たちがみんなでつくってきたということを実感した。

「こまんばの輪」の正月飾りづくり

自治会館を建てるための話し合い

私が駒場区自治会長になったときは、地域の拠り所である自治会館をどうするかということが一番大きな課題だった。前任者は、村長との交渉の中で「地域のなかで要望や段取りをきちんと固めれば村で建てよう」というところまで詰めてくれていたが、「駒場には公民館があり、そこを拠点とすれば充分足りる。改めて自治会館をつくる必要はない」という意見も多くあり、自治会館建設の賛否がほぼ半々だった。

仮に建てるとしても、地主とどう交渉して建てられるようにするのか、駐車場をどう確保するかなど、建てられる条件を探ることは難しかった。

いくつか候補地があったが、駐車場のことなどをふまえて建てるのであればここに建てようと腹を決め、そして、住民投票をした結果、七票差で建てることが決まった。七票差ということもあり、投票のあと駒場区には一〇の集落があるが、必要なところに自治会の役員が出向き、経過などを説明し、自治会として建てることを村に申請したいということで懇談会をやった。お金が絡むことであり、土地の権利者との交渉も大変だったが建設委員会を立ちあげ、みんなの協力を得て建設することができた。今は自治会ばかりでなく高齢者の方々、区民の方々が気軽に利用してくれる建物となり、よかったと思っている。これは私にとっても大きな経験だった。

物事を決めていくなかで、ときには気持ちが高ぶって机を叩いてしまうようなこともあったが、話し合いを積み重ね、根気強く忍耐強く、そして一致点を見いだしていくという民主主義の方法を私は学んだような気がする。

世代間交流につなげる取り組み

最近、駒場区に若干だが、若い世代が増える傾向もある。しかし、やはりみんな年をとっていく。子育てが終わった五〇代後半から団塊の世代の人たちが今はがんばらなければいけない状況ではないかと思う。

地区で各団体がイベントや行事をやっているが、それを増やすのではなく、そのなかに各世代が関わっていくという形で、世代間交流につながるように心がけてきた。たとえば、育成会の「花壇の整備に高齢者の人たちも一緒に加わる」「夏休みの子どもたちのラジオ体操を地域の人も一緒にやる」「地域めぐりのウォーキング」など、世代を越えて交流できる活動を何回かやった。

どこの自治会でも課題は同じだと思うが、主体的に活動するメンバーが限られる傾向がある。できれば各世代から自治会の行事に関わる人たちがもっと増えないといけないと思う。

駒場のなかにも「こまんばの輪」という地域福祉を共にすすめる会がある。自治会と協力して、料理教室、体操教室、ものづくりなどもやっている。介護の必要な人は社会福祉協議会の介護を受けられるが、介護を受けるまではいかない高齢者たちの交流の場となり、地域で暮らし続けられるような取り組みをすることが一番の課題ではないかと思う。

また私は阿智学会で地域雑誌『あちジャーナル』を編集している。今、ちょっと途切れているが、それは継続していきたい。村、地域に関わることであればどんなことでもいいので書いてもらい、配布して、自分たちの地域を知り、考える雑誌にしたいと思っている。大人ばかりでなく、子どもたちの夏休み自由研究のおもしろい作品を載せるなど、いろんな分野を取りあげていきたい。どうしても地域の雑誌は歴史的なことに片寄りがちだが、それだけではなく、例えばここに移り住んだ若い人たちの生活の様子なども何回か紹介している。世代間の交流は大事なことだと思うので、それぞれが興味を持っていることをいろんな分野に関わって載せていきたいと思っている。

自治会のなかの文化財委員会

いまは駒場区の文化財委員をやっている。自治会のなかに特別委員会がいくつかあり、その一つが文化財委員会で委員は七人いる。そこで駒場区の戦後の暮らしについて、聞き取り調査をして記録を残したいと思っている。地域の暮しの様相が大きく変わった昭和三〇年・四〇年代を担った方々はかなり高齢になられているので今それを残しておく必要があると思う。熊谷元一さんの写真は記録として残ると思うが、実際にこの駒場区で生きた人たちがどんなことを考え、どんなことをしたかを記録として残しておきたい。できるだけみんなにわかりやすくまとめることができたらと思っている。

地区計画づくりと自治会の課題

地区計画は、新しい五ヵ年計画を作るという方向で、今も自治会経験者などのメンバーが集まっている。課題は何か、これから先どういう地域を目指すのか、今までの活動を見返し検討している。区民の思いや考えを知るために各世代からのアンケートもとった。集約として数値データも大切だが、要はそれについてより多くみんなで話すことが大事だと思う。今年一年かけてあるべき方向をまとめたい。自分たちの地域に住んでいてよかった、この活動をしてよかったと感じることをもっと大事にしていかないといけないと思う。何でもそうだが、書かれていることは一つの目安であり、優先順位があることは分かるが、日々の暮らしのなかで、「ああ、これをみんなでやってよかったなあ」ということを積み重ねていくしかないと思う。

自治会と村議会は年何回か懇談会をもっている。自治会の意見を議会や村がすくいあげるような姿勢は感じている。確かに昔のように地域から出た人たちが、地域のことだけの利権を主張して、予算の分捕り合戦みたいなことはいけないが、地域のことを一番知っているのは地域で暮らしている人だ。村議会議員は村全体の視点で行政を考えるが、それでも地元のことをよく知ってもらいたいので、去年から自治会の会合に議員にも出席してもらっている。

自治会と村は対等だ、というが、自治会は金もないし、自治会にできることも限られている。実際に何かを動かすにはお金もいるし、人や労力もいる。だからといってすべて行政まかせではなく、自分たちでできること、例えばあまり車の通らない農道の小破修理など、主体的に取り組んでいきたいと思う。村議会も村全体から選ばれるのはもちろん大事だけれど、自治会を代表する人たちも村議会のなかに必要な気がする。

（原　二二）

7　社会教育研究集会の柱は平和学習

公民館は好きでないとやっていけない

阿智村では、教育委員会のなかに社会教育委員と教育委員がいて、役場の組織でいうと教育長の下に公民館がある。だからちょっと複雑なところがある。地区館でやっていた時、教育委員会は関係ないと思っていた。社会教育委員になった時、「生まれた時から死ぬまで社会教育を受ける権利がある」と教えられ、社会教育っていうのはそういうものだと思った。

公民館って何にもやらなくても公民館、やりすぎても公民館。私は「チャレンジ・ユー」を立ち上げて、子どもの体力向上の推進を行ってきた。頑張りすぎることもあったけど、そういうなかでも無理をしないで楽しく活動していくのが、公民館だと思う。

いま専門部の人たちは縦と横のつながりでやってきたけど、だんだんやり手がいなくなってきているのが現状だ。地区館の人はみんながんばっている。専門部の人たちは、上からあれこれ言われても本当に好きでないと動けない。こういうことをやりたいんだという情熱がないとできない。

社会教育研究集会・高校生の発表

社会教育研究集会と満蒙開拓平和記念館

今年の社会教育研究集会（以下「社教研」）も去年のようにしようと考えている。プレ集会はよかったが、ただ人数を集めればいいということではない。社教研を難しくとらえる必要はないし、何かをまとめる必要もない。公民館では、「本当にやりたいことをやろう」と話し合っている。社教研で昔は五〇〇人集めないといけなかった。そこでテレビに出ているような人を呼ばないといけなかったし、そうすることしかできなかった。だから講演会の時だけは多くの人が参加したが分科会になれば人が来ない。

全国には、東京大空襲、沖縄戦、広島・長崎原爆投下など悲惨な戦争の体験があるが、阿智村には、満蒙開拓という歴史があり、満蒙開拓平和記念館（以下「満蒙記念館」）がある。阿智村から高校生も含めてもっと平和のことを考え、情報を発信していっていいと思う。

満蒙記念館を活用して小学生・中学生に、なぜ開拓に行く家が阿智村に多かったのかを考えてほしい。そして阿智村の子どもは小学五・六年生になったら満蒙を学んでほしいし、中学生になったらもっともっと学んでいいと思う。

社教研で平和の分科会は満蒙記念館ができて何かしようとみんなで力を合わせてやってきたことだから継続してやっていけると思っている。分科会は中学生、高校生が行動を起こしたら家族を動かし、絶対いいものになる。

二〇一七年に群馬県高崎市で関東甲信越静の公民館大会があって、満蒙記念館と公民館のかかわりという題目で発表した。社教研と満蒙記念館が阿智にあって、それを含めた活動は私たちで終わるのではなく、子どもたちに引き継いでいってほしい。それにはこの分科会が指導的な立場になると思う。

毎年、私は小学生を連れて沖縄に行っている。今年度は中学生が参加する。とても嬉しいことだと思う。中学生でないと沖縄に行き、満蒙開拓と結びつけて考えることはできない。また、ひめゆり、嘉手納基地について島袋淑子さんの話を聞くなかで、何かを感じるかといったらやはり、中学生でないと難しいと思う。でも沖縄の子どもたちとの交流はとても良いことだと思う。沖縄に行き始めて一五年になり、一番最初に行った子どもたちが二七〜二八歳になって、今では子どもの親になっている。今、彼らが何を考え何を起こしているのか、今年はそれを探ろうと思っている。

（岡庭啓真）

阿智村に移住するまで

私は、阿智村に来る前は都内の郵便配達員だった。家族の諸事情も含めて自分の生活する場、生きる場として都会暮らしがあまり肌に合わないということがあって、一九九〇年の年末に大鹿村に来た。

大鹿村に一〇年いて、農業で生活を立てようと思っていたが、サルや鹿の獣害が起きたときに、集落では対応できないぐらい地域のいろんな形が崩壊していて、行政も手が打てないから個人で対応するという話になり、三年ぐらい頑張ったが、二〇〇〇年に阿智村に来た。

新規就農者への援助、移住者の組織づくり

私は新規就農で阿智村に移住する人を援助する役場のお手伝いをやっていた。農的暮らしの人、自給農業者、Iターンの人たちも含めネットワーク（グループ）づくりを役場の人たちと一緒にやったのが社教研との関わりの始まりだった。

最初、産業分科会で、新規就農者、移住者の組織づくりと活動について報告したことを覚えている。そのあと仕事と結びつけて、新規就農者のなかでも農産物を売って生計を立てるという人たちのグループ「阿智ゆうきの風」をつくった。ゆうきの風は農産物の販売に特化したグループで一一名ぐらいいて、そこでの活動をし、そこで社教研に参加していた。

社教研に参加した当初は、阿智村独自のものということで、社教研の集まりがいったい何かということがよく分からなかった。二月の大きな集会で有名な人が来て講演があって、おもしろそうだなという感じで参加していた。そのあとグループができて、グループの発表の場ということで出るようになった。

分科会にはまとめ役の先生がいて、年に一回、発表者が何名かいて、二時間ぐらいで提案してまとめるので、議論を深めるところまでにはならない。村のなかでの社教研の認知度というのはそんなにないのではないかと思った。

満蒙記念館と平和分科会をつなぐ

社教研に参加していて、途中で社教研が大事なものであるということがわかった。これは阿智村独自のもので他のところではあまりやられていないものだし、村のいろんな団体が集まって、これだけのことをやっているのはすごいことだと思った。住民の自治のもとになる活動がそこに集まってきて、年に一回みんなで持ち寄り発表して協力しあうという活動をここ七、八年ぐらいやっているという感じ。これは絶対に守らなければいけないということを、ここ何年かは強く思っている。

また私は「九条の会」のメンバーで、ここ二年ぐらいは「平和」の分科会に参加していて、定住支援の関係や新規就農の関係はゆうきの風の他のメンバーに任せている。

「阿智村の中の問題をやるのは議会の役割だが、村外の事はやらなくてもいい」という意見を言う人も議会選挙に出てきた。それと同じ傾向だと思うが、「社教研でやるテーマは身の回りのことだけでいいんじゃないか。平和分科会は必要ない」という意見は少数だけれど、ここ二年ぐらい出てきている。だけど「そんなことを言っても必要だ」という意見が多数を占めているので、それで方針が変わることはないが、これから増えてきそうな気がする。

では平和分科会がなくなったら何が残るかとなれば、健康づくりや福祉、文化だろうか。他市町村の公民館活動ではそういうテーマが多い。阿智の場合、そうではなく平和分科会を五年ぐらい前からやってきた。私はずっと残していきたいと思っている。去年、満蒙開拓をテーマにやったが、これは継続してやっていく必要があると思う。平和の問題を考えたときに、戦争体験を引き継ぐことは大事だと思う。

私は満蒙記念館のピースラボというボランティアグループに入っているので、満蒙記念館と平和分科会をつなぐ役割を果たしたいと思っている。

阿智村役場の村民に対する対応はいいと思うし、まだ前村政の遺産が残っている。あと一年か二年で食い尽くしそうな気がするけど。住民と行政との関係がフラットで、東京など大きな役所ではカウンターの向こうに入ってはいけない感じがあるけど、阿智村役場では職員が住民でもあるということもあって垣根がない感じがする。

（市川勝彦）

8　政策提言する議会

政策検討委員会の学びと提言

私は、政治への強い意志をもっていたわけではないが、女性の参画の必要性を感じており、議会に出ることになった。議員になるといろいろと気づくことがあり、村としてやっていかなければならないこと、あるいは考えなければならないことがあるとだんだんと思うようになり、わりと発言していたものだから、最後、年齢も高かったので議長になったのかと思っている。

議員の立場として、地域が抱えている、あるいは住民が抱えている問題をいかにキャッチできるかということが大事だと思う。今、阿智村議会は政策検討委員会をつくっているが、議員たちはペーパーから学ぶのではなく、村外も含めて実践から学ぶ。実際にそこに携わっている人たち、あるいは困難や課題に直面している人たちと話をする中で、どう解決していくのか、あるいは五年先、一〇年先にその問題がどう解消できるのか、あるいは困難が大きくなるのか、展望も含めて地域の人たちと懇談を重ねる。そういうなかでいい施策をつくらないと、ここに住み続けることの困難さはより大きくなってくると思う。そういう意味では行政は私たちよりノウハウをたくさん持っているのだから、行政から提案してこないと困る。

視察する議員たち

そこの提案とマッチする、あるいは議会から提案として行政に学んでもらう。また、情報収集して政策として提言することを議会がやる必要がある。村民が抱えている、あるいは将来的に抱えるようになる問題をいち早く掌握し、村にも提言していくことが必要だと思う。

議会は、年一回、議決に関する責任として、村民への事業予算の説明をするというのが定期的にある。それ以外には、例えば、阿智は山村なので、地域の財産として林業をどう生かしていくかということは大きな問題である。林業に携わる人たち、あるいはそこを生かしてなんとかしようと模索しているグループの人たちと意見交換をして、抱えている問題を把握するという形もある。子育ての問題であれば若いお母さんのグループ、PTAの役員、農業であれば新規就農者、あちこちの田んぼを請け負っている人たち、数値的には減少気味の畜産の問題など、各分野の人たちと直接に懇談をする。直接懇談するのは担当する議員だが、地区での懇談会は議員一二人全員が参加する。

政策検討委員会は二年間を一サイクルにしていたので、私は四回活動した。だんだんと議員が提言の仕方、あるいは学習の進め方を学んでいった。最初は模索していた時期があったが、議員全員で課題を出し合い、そのなかからいくつかを共有し、いつも三つぐらいの課題をピックアップして具体的な政策内容の提言をした。

二期目に、今年度は総合計画のなかで課題を見つけようと、自ら問題を出し合って、みんなで勉強して、数多くある問題のなかからピックアップした。それをステップアップさせていくのは、政策検討委員会の委員長の役割でもある。

阿智村は 93% が山林

地域がよく見えないとできないことなので、議員もよく見るための努力をしなければならない。どこかの自治体のマネをするのではなく、立案したものを形にするために、事例を探してきて、自分たちの地域に合ったものは何かを考えていくのは、議員の学びの場でもあった。一期やるとそれを二回繰り返すので、その力は次の議会に議員の力として発揮できる。

森林資源活用は村の大きな課題

私が最後に政策検討委員会で取り組んだのが森林資源活用だった。北海道の下川町の議会にも行き、県内では栄村などの森林組合に行き、どうやって森林活用してエネルギーにしていくかをかなり詰めて学習してきたが、それが実現できていないのは残念だ。

やればできると確信をもっていたが、具体的に施策にならなかった。それは私が議員最後の年で、今、次の議員の人たちが引き継いで動いている。五年ぐらい前、県の補助金を受けて一〇〇〇万円ぐらいで機材をそろえたが、なかなか発展できない。もう少し村がテコ入れする形で、エネルギー化の動きが見えるようにしなければいけない。

そうすると森林からの原材を引き出すための道路の整備だとか、次々にやっていく必要性が見える。ただ機械を買うことで終わった形の政策にしてほしくなかったけれど、結果としてそうなってしまった。それをもう少し何年かの計画で道路の整備をしようとか、三〇年計画で植林をしていこうとか、そういうタイミングを見ながらでないと長続きしないということを、下川町でも栄村でも教えられてきたので、そういうところに手を付けていきたかった。

観光は阿智が生きる大事なことの一つだが、今ある森林をいかに生かしていくかは大きな課題だと思う。そこに雇用が生まれれば地元の定着率を高めることになる。そういうことを学んで提言したが、それが最後でもあったので印象深く残っている。

議会の役割は行政のチェック機能

議会の一番大きな役割は行政のチェック機能だと思う。日常的な会議や一般質問など、通常の活動は、基本的にはチェック機能だ。予算書議決、決算書の議決など、議決としてチェックしているが、もう少し立ち入った形でやっているのが事務事業評価である。それは行政が執行している事業を議会として、逐一ではないがチェックしている。行政の側で行政職員は自己評価し、ときには第三者評価も入れる。議会は、議会として執行部分に対する事務事業評価書を毎年出して評価している。それにもとづき、村長と話し合いをして提出している。

本会議で行政の提案を否決するということはあまりなかったが、検討、検討という形で、否決せずに上程を下げさせたということは何件もあった。チェックとしてかなり厳しくしたのは、例えば建設予算等については、地元業者を優先するという姿勢がちゃんと適切になされているかとか、あるいはそういうなかで逆になれ合いになっていないかとか、事務方の課題として追加予算等があり、きちんと事務方の責任がはたされているか。あるいは建築物は具体的に目に見えてくるものだから、地元の人たちも「こういうはずではなかった」という声が出てきて、地域のニーズに合ってないものができる。それらが事務方の責任において地域住民の要望、意見を聞いていたのか。われわれは住民の側から意見を聞くわけで、かなり厳しく指摘をしたこともある。それは本会議の議決のなかで出てくるものではないが、いわゆるチェックというなかで相当問題になった。事務方にとっては、議会はうるさいと思われるぐらいで私はちょうどいいと思っている。

本会議前の議論で全会一致に

議員になったとき、議決するということの重さを痛感した。これで方向性が決められていくということで、議決するときの緊張感。それまで話し合って予算の数値とかも、新規のものが入る、あるいはカットするものがある。ではその新規のものを入れることが本当にいいのかどうか。それを考えると決めていく立場の責任を、それも個人ではなく、村全体の方向を決めていくことの重さはいつも思っていた。

本会議は全会一致で決めることが多く、村民がテレビ中継だけを見ているとシャンシャン議会に見えてしまうところがある。本会議で議決するわけだが、本会議前に何回も委員会、あるいは全員協議会等、提出前に議案の検討がある。村民は傍聴できるが、テレビで見られるのは本会議の様子だけだ。本会議に提案される議案は、提案前に相当修正されたり、あるいは取り下げられるものもある。これでＯＫというものが最後に提出される。

本会議を村民のみなさんはテレビで本当によく見ているのでびっくりする。しかし本会議の前にいろいろ話をしているということは懇談会の席で話すが、あまり知られていない。

住民との対話が大事にされる村

住民との懇談の場は、議会が一回、村政懇談会が二回ある。村政懇談会は、九月と二月にあり、九月は今年の執行状況の説明、来年度に向けて地域の課題、要望を受ける。そこで意見が出される。二月は来年度に向けた大まかな方向について懇談する。そういうプロセスがあって三月の定例会で予算があがってくるので、村政に関心がある人は大まかな方向性は見えている。村も努力して住民との対話を多く持っている。

しかし、そこに参加する層がそんなに多くないことが問題になる。八自治会で行うが大体二〇人から五〇人ぐらいの参加者である。自治会などの役員になったときに順番で行くという感じではあるが、住民の関心度のパーセンテージとしては高いのではないか。

合意形成の努力とむずかしさ

住民の考えも人それぞれ、議員の考え方もそれぞれ違いがある。その上で地区のあるいは村の将来を見すえて方向性を定め、具体的政策をつくりあげていくわけであるが、その討議、話し合いが充分におこなわれることの必要性を痛感している。この地で生きていこうとする住民の思いであり、学びでもある。話し合いのなかで納得できるかたちを生みだし、活力に変えていく努力が大切だと教えられた。

（高坂美和子）

9　国を動かす地域づくり

過疎脱却をめざすインター設置運動

一九六〇年代半ばに、智里西地区（以下「西地区」とする）の園原周辺を通る、国鉄の飯田下呂線と中央高速道路の建設計画があった。智里村の助役や合併して阿智村の村議、議長を経験した渋谷勲氏は、小さな過疎地を何とか発展させるために、地下一〇〇ｍに飯田下呂線の駅をつくるという斬新な構想を考えた。同時に中央自動車道には、バスストップとパーキングエリアをつくることを併せて地域に提案した。西地区では、一九六七年一月に住民総決起大会を開催し、駅建設とバスストップ・パーキングエリア設置の運動を決議した（しかし、飯田下呂線の計画は一九八〇年に頓挫した）。

さらに、西地区の将来ビジョンのなかで、園原インターチェンジ（以下「園原ＩＣ」）設置を要望していくことを決議したが、このときはあまり大きな運動にならなかった。地域の人たちは「何を馬鹿なことを言っている。突拍子もないことを言って、できもしない運動や陳情をしている」と冷ややかな目で見られていた。しかし、渋谷氏にはこの二つは俺の代でできなかったら、子々孫々にまで伝えてでも実現するという地域への熱い思いがあった。

国を動かす地域住民の運動

中央道恵那山トンネル工事が始まる前に、園原抗口から出るトンネルの廃土については地区で有効活用することを公団と企業体に約束させた。この約束がなかったらインターはできなかった。ちょうど私が大学から帰ってきて運動に関わり始めた一九七四年三月、恵那山トンネルの貫通式があった。同日、地区では「園原ＩＣ設置期成同盟会総決起大会」を開き、陳情書を公団に渡すことになっていた。しかし公団が受け取りを拒否したことから、住民側は土捨て場の使用拒否を公団側に通告することを決議した。この大会には子どもたちも含め四〇〇人以上の住民が参加し、インター設置運動は地区全体のものになっていた。

園原IC 設置期成同盟会総決起大会（1974 年 3 月）

一九七四年に金丸元建設大臣（当時国会対策委員長）の仲介で、西沢長野県知事と前田日本道路公団総裁のトップ会談が実現し、トンネルの出入り口にバスストップを設置する、そしてエマージェンシエリアに開閉口をつけてこれをインターにしていく糸口とすることで合意した。県は高速道路長野線も造っていて、長野インターを優先していたが、土捨て場拒否のこともあり、県も私たちに付き合わざるを得なかった。

一九八二年一月に国土開発幹線自動車建設審議会（以下「国幹審」）が開かれて、長野インターが決まった。それを受けて県は「今まで長野インターを優先してきて申し訳なかった。今後は園原ＩＣ建設に努力するので工事中止の実力行使は避けてほしい」と。しかし、地元は「具体的な進展は見えないので工事中止は引き続きやる」と。これに対し県は、二年後開催の国幹審に向けて園原IC実現のために県に園原IC設置事務所をおき必要書類の作成準備にかかること、村長が県知事とともに園原IC設置実現のために責任をもって努力すること、具体的に昼神温泉の開発にさらに力を注ぐこと、そして西地区の開発についても村は率先してやっていくことを約束した。

その年の一〇月、県から建設事務所、村長、議長、議会の総務、土木の委員長、地元の対策委員会に対して建設省との打ち合わせの報告があった。内容は、将来展望について、昼神温泉が中心で目玉になるものはない。交通予測について県は一日四〇〇〜五〇〇台、公団の予測は一五〇台でとても駄目だ。けれども技術的にはハーフインターだったら可能だということであった。そこで一日七〇〇台という数字を出したが、国会議員から「これでは建設省を説得することはできない」となり、県がコンサルタントに委託し、具体的に二〇〇〇〜三〇〇〇台にするための開発構想の作成にとりかかった。

県の調査では、京平はスキー場として可能であるという。そして富士見台高原は年間六〇万人の誘客可能な山であるが、高原に続く林道は幅員が狭く大変な建設費がかかるというものであった。企業局がつくったものは京平スキー場の概略の計画まで示したが、地区では、これは私たちにはとてもできることではない。村でやるかどうか村が考えてくれと調査報告を村に渡すことにした。

そして一九八六年一月二一日、国幹審で念願の園原IC建設が決定した。

地区開発計画と過疎債

一九八八年には飯田下伊那の経営者が主導して第三セクターとして阿智総合開発㈱が設立された。西地区は二五〇〇万円出資した。阿智総合開発はスキー場、ゴンドラ、ゴルフ場等の開発をすすめた。あとは、西地区としてはどうするかとなった。いくら地区の開発計画を立てても、私たちの勝手な思いで、それが支持されるかどうかは大変疑問だ。企画力、マーケティングも含め、専門家を入れないとだめだ。それには資金がいるということで地区に資金調達をお願いした。理解を得るのに二年かかったが、地区から五〇万円出すことになった。そして、村にも支援を頼んで、村から五〇万円を得て、コンサルタントに依頼して開発計画を策定した。

これまで運動を担っていた「インター建設推進委員会」は同年八月「園原の里村おこし委員会」と改称し、策定された開発計画「智里西地区開発基本構想」を地区住民全体に説明した。

委員会ではこういう構想をつくったが、それを受けて地区のみなさんは何があればいいか、何をやりたいか、という意見を聞き、それをまとめて今度は六つの分野ごとに研究会をつくり、実際の開発計画として練り上げていった。

そういう活動をやっているなか、県から村に紹介された「リフレッシュふるさと推進モデル事業」（以下「リフレ事業」）を活用したらどうかと役場の担当者から提案があった。

しかし村は観光についての意識は低かった。リフレ事業を取り入れて観光をやることについて議会の理解が得られずにいた。村の負担は、いわゆる補助金や交付金は負担がないのでいいが、リフレ事業は過疎債（過疎地域自立促進特別措置法による）なので、七割は交付税として措置され、実質は起債の三割が村の負担になる。これを地区が負担をしてくれないか、そうすれば議会を説得できるという話だった。

地区の全体会議の中で、三割負担をすればできそうだと村がいうけれどもどうするか。私たちが要望したものができたとしても、それは村の施設（テニスコート、宿泊施設など）だから賃借料を払わなければならない。だから高い家賃だけども、私たちは拳骨でこの地域づくりをしようとは思っていない。一二年間で三割を払っていくことは高い家賃になるが、それでもいいではないかということで、三割負担を承諾した。

そのときの村の計画は五億円であったが、五億の三割負担は地元負担としては多額過ぎると考え、事業費総額を三億円以内として取り組んだ。

全地区民が出資する開発協同組合づくり

一九八六年、第四回西地区社会教育研究集会で、地域の過疎を食い止めるにはどうするかというテーマで話し合い、そして第六回集会で「観光でいく」と集約してそれに基づいて進めてきた。私たちは地区の開発計画を自分たちでお金を出し、村に応援を求める姿勢でやってきた。

インターができたらいろいろな開発業者や不動産屋、利権絡みで、土地を虫食い状態にされるという恐れがあるので、それで土地管理と地域計画、そしてそれに伴う一連の業務を担う窓口として一九八九年に「智里西地区開発協同組合」（以下「開発組合」）を立ち上げた。

そのとき、土地の私有権を制限することを理解してもらうには大変な苦労があると思っていた。ところが地区に呼びかけたら、一年のうちに出資金が集まり、びっくりしたと同時に本当に理解されているのかという不安もあった。人口四五〇人のところ一〇三人が組合員になった。出資金は一口五〇〇〇円で、一〇口以内としたが、二三七万五〇〇〇円が集まった。開発組合は、地区民全員の参加で進め、開発の成果は地区全体に及ぶように全地区民が出資する組織であった。

リフレ事業についても開発組合を法人化し、従業員を地区から募集して運営していこうと計画したが、開発組合は借入金をしない組織として運営してほしい、という組合員が多かったので、開発組合はソフト事業を行い、「歴史・文化ゾーン」「自然体験ゾーン」「交流ゾーン」の各々の拠点施設運営組織は、運営希望者を地区住民に公募でつのり、各々法人組織を設立してもらい、具体的事業計画の立案と運営を委託することになった。

財産区を基本に地域自治組織をつくる

私は壮年団を地盤にしてやってきた。壮年団は三〇歳から五〇歳で、年一、二回の総会開催という親睦的団体であった。地区の中堅層である壮年団を地区課題に取り組める組織にするには部会制を導入したらと提案し、政治部と産業部がつくられ、なりゆきで私が政治部長になった。それから地区のことについては壮年団が問題を提起し、壮年団で合意形成をし、それをもとに地区対策委員会や区会などにもっていくという形になった。

西地区は五集落あるが、四集落と一集落とでは財産区が違う。だからインターの運動も地区全体で取り組んだが、横川財産区、本谷・園原財産区の二つが、役員会議を一緒にやっても、また別にそれぞれがやらなければならなかった。経費負担についても同じで、地域づくりの大きな支障になっていた。だから財産区は山の管理、維持という業務だけに徹して、行政全般については自治会をつくってやらないかと提案したが、なかなかそれは理解してもらえなかった。

自治会の具体的な組織論について個人参加という考えもあった。しかし、それは理想であって現実的には時期尚早であった。財産区は家単位で構成されていた。個人単位でどうやって運営していくのか、いきなり全体集会では受け入れられないであろう。自治会の役員は各部落の部落長が兼務する。そして財産区的な考え方を基本に、各集落を基本単位とした形で、そこから役員なり、代議員なりに出てもらう。そして壮年団、女性部の代表も代議員に入れる。そうなれば、地域の課題については、部落や団体におろして、それぞれで集約して、代議員会で決めていくことができる。それが現実的ではないのかと考え提案した。そして一九九一年に「智里西地区自治協議会」が発足した。

（熊谷時雄）

下伊那公民館主事会の歩みと下伊那テーゼ

下伊那テーゼが生み出された背景を見る

終戦直後の飯田下伊那地域では一九四八（昭二三）年から公民館が村々に設置され始め、公民館に職員が置かれていった。「職員」とは言っても町村費支弁の正規の行政職員ではなく、民間の有識者・活動家が発掘されて公民館長・主事として発令されたのである。

その理由は、

①公民館は民主的・自主的機関であり、町村内の団体が連携を取り合って自ら活動する機関である（この頃は「地域の民主化」が中心的課題となっていた）

②したがって公民館の事務局には「民間の人材活用」が望ましいという意識が強かった

③しかも戦前戦中を通じて権力機構だった役場職員では不向きであるという考え方が強かった…

などがあげられる。

当初の公民館は町村費でなく住民の拠出金で運営されていた（税金とは別に公民館運営費が徴収されていた）。主事については、活動の直接担当者・要員であるとの理由から慎重に人材発掘の努力がされた。公民館活動に対する情熱は人一倍のものがあり、選任された者は寝食を忘れて公民館活動に従事していた。しかし、身分は必要に応じて出勤する非常勤職員であり、正規の役場職員として扱われず待遇は十分なものではなかった。

一九五一（昭二六）年の長野県公民館主事会議（県主催）で専任職員の必要性が討議され、「主事は事務のみでなく住民の相談相手になる」という大きな任務をもっているので専任化する必要があり、専任化によって公民館活動が活発化していくことが確認された。主事の組織化として「県主事会議」の設置が松尾・鼎《かなえ》の主事から提起され、準備委員会が据えられて、主事の役割の重要性と身分保障の課題が県内に据えられていった。

郡公運協は、重点施策として支会の強化に合わせ、公民館主事の待遇改善を盛り込み、主事会を設置した（合併以前当時は北部・中部・東部・南部・西部などを「支会」としていた。具体的な専任主事設置の促進が公運協の重点施策になったのは一九五五年〈昭三〇〉であった）。

この時期は大きな出来事が相次いでいた。サンフランシスコ講和会議・血のメーデー・凶作・ビキニ水爆実験・自衛隊の発足・町村合併など、社会教育に関しては社会教育法公布・図書館法公布・青年学級振興法施行・教委任命制。これらに関わる労働組合や青年・婦人たちの集会や学習活動の動きが生まれ、婦人会では自分たちの代表を議会や教委に送り出し、自分らの要求を政治に反映させようとする動き、婦人学級の中でも自分たちの生活問題と政治が無縁ではないことに気づきはじめた。特に青年学級や青年団は早くから社会問題を取り上げて学習活動が展開されており、公民館に対して多くの注文が出されるようになった。

下伊那主事会は「連絡・研究・事業推進」の役割を据え、年間六回の定例会を実施した。公民館は発足当初の「民主主義啓蒙」の役割から生活の合理化を中心とする「学習活動」へ重点を移そうと考えてきたが、さらに国の政策と住民の要求や動きをどのようにとらえ公民館の在り方を考えるか、その具体的な取り組みの難しさに直面し、「青年・婦人教育研究会」などを開いて話し合った。「日常生活に結びついた活動が少ない・経済的な貧しさで生活に追われる・社会環境の影響」などが強調され、「青年・婦人学級テキストの紹介と施設の充実・青年学級生の協議会をつくる・良い講師の確保などを教育行政に要望し更に村政研究会、政党討論会など、行政や政治に対する学習活動の進展、それに付随する公民館費増額の要望などが出されてきた。このような動きは主事にとっては力強い支えとして共に取り組もうとする意欲にはなったが、理事者からは厳しく見られることにもなり、公民館活動は行政の外に置かれる感じも生じた。共通の悩みを持った主事たちは主事会を唯一の砦として悩みを話し合った（住民の要求をまともに受け止めようとしない公民館もあった）。この頃、南信地区（諏訪・上下伊那）主事会で「日本の政治的現実と社会教育」と題した講演（岡本清一〈同志社大法学部長〉）を実施したのもこのような状況からであった。

主事会は一九五八（昭三三）年にそれまでの対象別・方法別の研究グループを止めて政治・生産・教養という内容別のグループに分けて研究を深めようとしたが成果は見られなかった。

①学習の重要性は認めていても十分に生かされる現場がなかった

②主事の仕事は体育・映画・その他の行事に追われていた

下伊那公民館主事会の歩みと下伊那テーゼ

③地域住民の文化活動の方向性が掴みにくかった
④住民の要求に即して学習の組織化を支える力をもち得なかった

公民館活動が日本の「政治的現実」との関わりの中で逡巡していた頃、各村の青年や婦人たちは、自分たちの学習活動を活発化するには、どうしても自分達の活動に理解し協力を惜しまない主事を必要として、自分たちの手で要求し、設置させる動きも見られ、青年団OBや文化団体出身者が公民館主事として配置されるところも出てきて、兼務主事の専任化、公民館活動の民主化、学習活動の活発化などが目標にされた。

このような動きから、主事たちは公民館活動の中核は学習活動に置くべきであり、その活動を盛んにするために主事は本来の任務を発揮すべきであるとの結論に達し、主事としての力量を身につける場として月一回の定例主事会の充実を図るべく「二水会」と命名して「月刊社会教育」の読み合わせなどを取り入れて研究会を充実させ、全国的な実践活動から学びながら社会教育に関する理論を確認し合い、新たな学習を地域住民と共に進めようと意欲を燃やした。

このような動きのなかで、喬木《たかぎ》村が採用した島田修一氏が主事会に参加したことによって学習が理論的に深まり、主事たちの実践の豊かさを創造し合うことになった。

こうしたなかで積極的な市町村が社会教育の専門的な力を身につけた大学卒の若者を主事に設置する動きも出て主事会が元気づき、充実し、地についた実践が生み出されてきた。

主事会では学習テキストとして、『農村は変わる』（並木正吉）・『危機に立つ日本農業』（全農林労働組合編）・『戦後日本史』（歴史学研究会編）などを取り上げた。

一九六一（昭三六）年、伊那谷の水害後の実態や災害復旧のことなどの実態調査等からの学習の在り方研究なども行い、農業構造改善事業や地域開発等の学習に取り組んだ。こうした動きに対する行政側の批判的見方も出されるなかで「本来の社会教育とは何か」を考えたのが「下伊那テーゼ」であった。

「下伊那テーゼ」への具体的な取り組み

災害後職業の分化は青年のみでなく、家庭の婦人にも大きく現れ始めた。災害復旧の土方工事の賃労働に出る婦人や内職婦人が多くなり、農村の諸問題は婦人たちの中に集約的にみられるという傾向を捉え、主事会は婦人の実態調査に取り組み、婦人の現状と暮らし向きを知ろうとした。この実態調査から、一人ひとりの婦人との繋がりをもつことになり、婦人のグループや若妻会が生まれた。そこでの学習活動で憲法学習などが生まれたり、実践の取り組みについての積極的な意見が出始め、系統学習への条件整備について主事会のなかで積極的に討論され、基本的には農政問題を社会教育の重要な柱とすることの必要性が確認された。

一九六四（昭三九）年頃になると、飯伊地域の中で青年達による学習協議会や農近協の活動の高まりを見せ、婦人たちによる母親運動や婦人集会などの積極的な取り組みがみられた。

そんななかで、主事が参加する農業構造改善事業や地域開発の学習に対して行政の側から、それを好まない見方が強まるという動きも出て、主事の学習会や、館報を巡って公民館と行政が対立する問題が起きる町村も現われた。この年の主事会の方針は、前年の研究の上に

①農政問題に婦人や青年達と積極的に取り組む

②このなかでグループの性格を明確にすること

③基本的には社会教育担当者の条件と、社会教育を護る問題を追求する姿勢を持つこと

であり実務研究の形で条件整備の問題を研究することなどの柱がたてられた。

具体的な活動としては、

①情報や学習活動の意味を持つ主事会報の発行

②現場研修を行い、主事会の研究会としての性格を確認する

③主事会として自治研へ積極的に参加すること

があげられた。

研究会の内容と取り組みを次のようにたてて共同研究に取り組んだ（一九六四〈昭三九〉年）

四月　農業問題についての考察、意見の交換

五月　農業農民が当面している諸問題

社会教育として農業問題への取り組みをどう進めるか…農政の狙い、農業の実態、農民運動、農業の展望などを考える（構造改善事業振興化の生産学習の問題〈藤岡〉）

下伊那公民館主事会の歩みと下伊那テーゼ

六月　農業農民の実態調査に関する資料交換と研究
七月　飯伊農近協の人達との懇談、共同学習
八月　農民の生活実態と健康管理について農業改良普及員と保健婦との共同研究
九月　現場研修（売木《うるぎ》村の青年婦人との話し合い）
一〇月　農業生産グループとの研究会
一一月　農業生産問題全般の研究総括
一二月　災害復旧と農業構造改善事業の具体例に基づく研究（「農民運動」について）
一～三月　「主事の性格と役割」について共同研究討議

各自テーマを決めてレポートを出しあって討議した。私は「明治憲法における教育」についてレポートしたのを憶えている。

＊主事会として自治研にレポート「民主的な社会教育の進展を阻害する問題」を提起したのであった。

（松下　拡）

第❷章
若い世代の参加と創造性の発揮

第2章では、比較的若い世代による新しい取り組みを紹介する。住民が学び自治の力を育むことが、どのように次世代に引き継がれているのか、このことを探ることで、持続可能な地域社会のあり方を明らかにしたい。

まず、村にUターンやIターンしてきた若者の声を収録した。子どもの頃から親しんできた伝統花火にかかわるためにUターンし、子どもとまるごとかかわる仕事がしたくてIターンしてきた若者がいる。若者は自分らしい生き方を展望できた時に、地域で暮らすことを選んでいる。次に、婚活事業に取り組んでいる人の声を収録した。一回きりのパーティーでは若者のよさが見えない。地域の協力をえて農業婚活に踏み切ると、地域のよさを関係者が理解する必要に気づいたという。また、集団の中では埋没してしまう一人ひとりに寄り添うことで、婚活を超えた地域課題が見えてきている。さらに、福祉や子育ての活動を収録した。そこでは、狭い福祉や子育ての課題を克服することがめざされるのではなく、豊かに地域につながっていくことが大切にされている。また、男性の地域活動にも注目した。既存の自治会とは別に、荒廃地を少なくすることや高齢者の送迎活動という新しい課題に取り組むことで、住民にも地域にも活力が生まれている。

このような活動を通して見えてくることは、学びの力で新しい暮らしの論理が見えてくるということであり、そのなかで、誰をも排除しない地域の風土が生まれるということである。このように「一人ひとりの人生の質を高められる村」という村の目標が多面的に展開されている。

1　地域で生きる意味をつかむ若者たち

生まれ育った清内路をいったん離れて

私は清内路で生まれ、清内路で育った。高校生の頃、吹奏楽部に入ってサックスを演奏していたことが契機となって、高校卒業後は清内路を離れ、音楽について学ぶことのできる岐阜県内の短期大学へ進学した。そこで学んだ管楽器の修理がおもしろくなり、短大卒業後も二年間研究生として残った。その後もそのまま同じ短大の指導助手として、自分が教壇に立つことこそなかったものの、教壇に立つ先生の補助をする仕事を四年間続けた。計八年、清内路を離れて岐阜で過ごしたことになる。ただ、清内路をいったん離れても、いずれは清内路に戻ってくるつもりであった。

清内路に戻ろうと思った直接的なきっかけは、働きはじめて一年目に参加した花火づくりにある。清内路には、伝統の手作り花火があり、自分たちで火薬を擦り、それを詰めた花火を一〇月上旬の秋祭りで奉納する。火薬を扱うため、高校を卒業してからしか花火づくりには参加できなかったが、清内路を離れるときには、離れている間は花火と関わりづらくなることをあまり気にしなかった。大学生になると夏休みには行事がたくさんあり、花火づくりが本格化する九月から一〇月に、清内路に帰ってくることはできなかった。

だが、大学で働くようになると、行事に参加することがほとんどなくなったため、夏休みに時間がとれるようになった。はじめは、ちょっと花火に参加させてもらったら気が済むかなと思っていたが、これがきっかけとなって、花火にどっぷりとはまってしまった。あとの三年は通いで参加していたが、それでは物足りなくなって、年間通じて花火をやるために清内路に帰ってくることにした。仕事を探す時も、夜の作業に差し支えないような日勤の仕事で、土日の昼間の作業にも支障がないよう土日が休みの仕事という条件で探した。今は飯田市の職場で働きながら、花火づくりに打ち込んでいる。

子どもの頃から憧れた手作り花火の魅力

清内路の手作り花火は、上清内路の上清内路煙火同志会と下清内路の下清内路煙火有志会の二つの保存会によってつくられている。上清内路の同志会は各家庭から一人ずつ出る形で構成され、下清内路の有志会はやりたい人が参加するという形をとっている。私は有志会の会員として活動をしている。有志会は現在会員が三八人で、最も若い会員が二三～二四歳、最も年長の会員が六一歳で、幅広い年齢層で構成されている。若い層はＵターンやＩターンの人たちがいるが、年齢が上の世代はどちらかというとずっと清内路で暮らしてきた人たちばかりである。

花火の奉納は毎年のように見に行っていた。父が花火をやっていたから、物心ついたころから、父が花火をつくる姿をみていた。近所のお姉ちゃんも花火をやっていたから、花火に対する憧れみたいなものがあった。自分も同じように花火をやるだろうという感覚があった。火薬づくりは高校を卒業しないとできないが、仕掛けづくりには小学生でも参加できた。小学二年生のときに、授業の一環で花火の仕掛けづくりに関わってから花火のよさを感じはじめたように思う。

手作り花火を行っている地域は他にもあるが、火薬については花火屋さんが作ったものを買ってきて詰めるのが普通である。清内路の手作り花火は、そうではなく、プロでもない村の人たちが集まって自分たちで一から花火を作っていく。さらに、二〇代から六〇代までの幅広い年代の人たちが、ある時期だけ集まり、花火の奉納という一つの目標に向かって、みんなで作りあげていく。そうしたところが手作り花火の魅力でもある。

清内路に帰ってきてからの暮らし

岐阜県で過ごした八年の間に、清内路村は合併して阿智村になっていた。だが、清内路を離れていたためか、合併したという意識があまりない。今でも清内路は清内路で、阿智とは違うと思っているし、清内路が阿智だという意識は、正直言ってない。

清内路に帰ってくると、公民館の広報部の部員として年三回の公民館報の発行を担当したり、青年会の活動があったりと、花火の期間以外にもいろいろな行事があって、思った以上に忙しい生活を送っている。

実際にこうした活動に取り組んでみると、地域と関わることができたり、さまざまな情報が入ってきたりするため、活動は無駄ではないと感じている。清内路の公民館事業のなかに清内路村塾という講座があり、清内路の花火について詳しい方のお話をうかがったり、家庭料理の会の方々に料理を作ってもらって地域の方が茶話会のような会を開いたりしている。そうした情報がスーっと入ってくるため、参加したいものにすぐ参加できる。岐阜県では便利のいい都会に暮らしていたため、近所との関わりはほとんどなかった。それに慣れてしまっていたためか、清内路に帰ってきた当初は、清内路の人と人との距離の近さに引いてしまうところがあったが、今ではそれが心地よく、安心できる。

清内路には、Ｕターンして戻ってきたり、他の地域からＩターンで移り住んできたりしている私と同じ年代の人たちが結構いる。なかには子育て中の人たちもいる。もともと清内路に対して花火のイメージを持っていないＩターンの人たちも花火に取り組んでいるし、Ｕターンの人たちは花火を理由に帰ってくる人たちが多い。実際に、花火が清内路の一番の軸になっているように感じる。

（櫻井真紀）

浪合で取り組む通年合宿

埼玉県で育ち、大学生のときには福島で四年間を過ごした。大学卒業後、ＮＰＯ法人「なみあい育遊会」で働くために阿智村で暮らすようになった。なみあい育遊会は、都会の子どもたちが親元を離れて一年間の寄宿生活を行う山村留学事業である「浪合通年合宿」に取り組んでいる。これは村からの委託事業で、現在は小学生一二人、中学生四人の合計一六人が通年合宿センターで生活をしながら、地元の浪合小学校や阿智中学校へ通っている。山村留学生の通う浪合小学校は全校児童三九人と小さな学校であるため、その約三分の一を山村留学生が占めている。なみあい育遊会では、この通年合宿のほかにも、夏休み、冬休み、春休みの子どものキャンプ事業にも取り組んでいる。職員は正規職員七人に二〜三人のパートが働いている。

大学で教育について学び、そこで小学校や特別支援の教員免許と社会教育主事の任用資格を取得した。卒業論文は学童保育についてだった。周りは教員を目指す学生が多く、就職活動の時期は教員採用試験の勉強をする人たちが多かった。私は子どもの自然体験活動や山村留学をやっている団体で働きたいと思っていた。学校の先生は自分にはちょっと違うと感じ、学校とは違う場所で子どもたちと関わりたいという思いがあった。それと、田舎で暮らしたいという思いもあった。阿智村も浪合も全く知らなかったが、メールマガジンでなみあい育遊会が職員募集をしているのを知り、応募して採用された。働き始めて五年目になる。

「ふるさと」がほしい

大学の進路を考えていた時に、人に興味があったので心理学と思っていたが、実践的に人に関わるのであれば教育学がいいというアドバイスをもらったり、母からも教えるのが向いていると言われたこともあって、大学では教育や子ども関係のことを勉強した。アルバイトは学童保育、サークルも子ども関係だった。教育実習に行ったが、学校という空間、建物の中ではなくて、もっと広いところで子どもたちと関わりたいと思った。キャンプなどの体験は大事ではあるが、そういう体験は「一発屋」だなとも思い、もっと子どもたちの暮らしや生活そのものに関わって、子どもの教育に取り組めないかと考えていたときに知ったのが山村留学だった。実際にキャンプに参加してみたり、職員の方の話を聞いたりしてみて、子どもに関わるならこういう関わり方がいいなと思った。

しかし、いま振り返って考えてみると、もしかしたら仕事ではなく、田舎で暮らしたいという思いがあって、浪合で暮らすことを選んだのかもしれない。私は埼玉県の田舎で育った。実家は農家ではなかったが、お米を作ったり、野菜を育てたり、鶏を飼っていた。今は別の場所に引っ越して、規模を縮小したが、私には、その頃の暮らしが原風景として残っていて、そうした暮らしがしたいと思っている。ただ、実家があるのは、両親が生まれ育った場所ではなく、代々そこで暮らしてきたわけではないから、都会と比べて田舎ではあっても、「ふるさと」の田舎という意識はない。だからこそ、そうした「ふるさと」としての田舎がほしいという思いが、浪合での暮らしを選んだのかなと思っている。

浪合での暮らし

福島から浪合へ移り住んできて、最も驚いたのは寒さだった。福島で四年間過ごしたが、福島に比べても浪合は寒く、今は慣れたが、暮らしはじめて一年目は寒さに凍えていた。

仕事をきっかけに、いまでは地域のさまざまな活動にも顔を出すようになった。不規則な仕事であ

村民劇『枝豆とハンコ』

るため、なかなか定期的には参加できないが、英会話に参加をしたり、平和について考える会に参加したりした。また、二〇一七年には阿智村の村民劇プロジェクトにも参加するようになった。

村民劇に参加するようになったきっかけは、三月の公演を見に行ったこと。村民劇では満蒙開拓について取り上げていて、大事なことだから何かしら関わって、世間に広めていくお手伝いができたらいいなと思い、公演終了時のアンケートに回答した。そしたら、演出の方から誘われ、参加するようになった。初めは、演者として舞台に立ちたいとは考えていなかったが、いまは演者として舞台に立つ練習をしている。参加してみると、この舞台は、台本を書く人、指導をする人、照明や音響の係の人など、たくさんの村の人たちの関わりと協力で作りあげられていて、まさに村民劇だと思った。

浪合に来る前は想像もできなかったが、実際に四年半暮らしてみると、地域のなかに知り合いができて、コミュニティのなかに入っている。九〇歳過ぎても車の運転をしていたり、毎日畑に出ていたり、高齢の方もたくさんいるが、みなさん元気がよくて、自分も頑張らなきゃとか、ここにずっと一緒にいたいなという思いになる。

（小林ちずか）

2　村の魅力の発信と婚活事業

婚活サポートセンターの開設

元々は婚活パーティーを企画していたが、二〇一六年一〇月に婚活サポートセンターができ、三〇歳代から七〇歳代の女性一〇人が相談員として活動している。相談員はお互いにすぐフォローがあって、信頼できる仲間という感じになった。だから、相談員も全員が成長している感じがして楽しい。

サポートセンターは一軒家を借りたものだが、畳も全部変えて宿泊もできる施設になった。行政からは年間二〇〇万円の委託費が出され、この委託費で家賃や光熱水費、広報費をまかなっている。それに役場の協働活動推進課の職員の方が一緒に活動に参加しつつ、必要な時には行政的な支援をしてくれる。スタッフなのか、行政なのか分からない、絶妙なバランスで支えてくれる。

これまでの婚活パーティーで結婚したカップルは、今のところ離婚ゼロ。この時代ではちょっと珍しい数字かもしれない。ある程度年齢を重ね、いろいろ悩んでから決めていることもあるし、田舎が住みやすいというのもあるように思っている。一年に一回女子会を開いていて、結婚したい人も、婚活で結婚してここに住んでいる人も、一緒にお茶を飲みながら、この村に住んでどうだったかとか、どういうことがあったらいいのか、そういう情報交換を行っている。「結婚してよかった」

という言葉を聞くと、本当にうれしい。

地域の協力ですすむ農業婚活

私の場合はフラダンスやっていて、その仲間が職場に若い子がいると「こういうのがあるから、出てみない」って声をかけてくれる。昼神温泉のホテルが食事券を出してくれたり、カップルになると「星空の券」を出してくれたりして地元の協力があり感謝している。

農業婚活の時は有機農業に取り組んでいる方や畑を貸してくれる方が大活躍。婚活担当の役場の職員とも相談しながら、収穫から口に入るまでを四回続けて同じメンバーで活動する。農業婚活は作業を通してお互いを理解するというのが一つの目的で、一回会っただけでは話ができない人が多いので効果がある。一回目はまずスタッフと仲良くなり、スタッフがいろんな情報を聞き出して、だれがどんな生活を望んでいるのかを把握する。それで機会を見つけて「だれかいい人いた？」と聞きながら、話をするきっかけをつくっている。そんな方法で参加した方が最後は本当に仲良くなり、その方とは合わなくてもそのお友達と結婚することになったなんていう話もあるくらい。

都会で自信をもって阿智村をアピールしたい

この婚活事業は一昨年から東京でもやっている。会場は銀座にある長野県のアンテナショップの二階。一年目は「ごか食堂」に頼んで阿智村産の食材を用意し、村でできる下ごしらえをしておいて、アンテナショップのキッチンで料理を完成させる。今年は名古屋でもやる予定。東京はちょっと行ってくるという距離じゃないので、名古屋の方が下見に行くにしても気楽。東京や名古屋に行った時に、「阿智村はこういうところで、来なきゃ絶対に損ですよ」と言えるぐらいに、私たちが自信をもって薦められる、そういうふうになりたいと思っている。

東京で人を集めるときはインターネットも使うが、娘さんが東京にいればその知り合いに声をかけてもらうし、阿智村出身者で埼玉県で学校の先生をしていた方もメンバーなので、その方のネットワークも使わせてもらっている。女性が足りなくちょっと苦労する時もあるので、このように人脈を使い都会からも人を求めている。

一人ひとりの課題に寄り添う結婚相談所

婚活パーティーや農業婚活とは別に結婚相談所をはじめると、さまざまな方が相談に来てくださって、この相談所って意味があったんだなあって感じている。そんななかで、保健師さんにも相談して、県の方から講師を招いて障害の勉強会を開く計画を立てている。障害を持っている本人がスタッフにいろんな話をしてくださる。

そんななかで、本当に村の一人ひとりを大事にしたいと思えるようになった。結婚だけじゃない、もっといろんな課題が見えてくると最近感じている。結婚相談所をそもそも開いたのも、パーティーだと話せない方もいることに気づいたから。相談員は素人ばかりで壁にぶつかることも多いが、とにかく出た問題はほっておかない、課題として大事にしたいと思っている。結婚相談とか、婚活パーティーというと華やかだけど、ここのスタッフはみんな地味で、参加者や相談者に寄り添うというスタンス。出てきた課題を共有して、その人を絶対否定しない。そこが阿智村の婚活の大きな特徴だと思っている。

そうしたこともあって、子どもさんがいて再婚を望んでいる方も受け入れている。多くの方が自分に年齢が近い方がいいっていうことで、子どもがいても別にいいんだっておっしゃる。それで真剣に、再婚に限定しようかっていう話も出たけれど、それを文章として書くのはちょっとデリカシーがないということになって、「子どもさんを連れて来ていただいていいですよ」という表現に。近く行う婚活事業には五人くらい子どもさんが来る予定。

住みやすい村にしないと婚活活動も成功しない

私たちは住みやすい村にすることが、最終的には定住ということにつながると考えている。パーティーを開いてカップルができて終わりではなく、その後の仕事とか、もっと言えば老後の生活も含めて、私たちが自信をもって語らなければ前に進まない。「阿智村に移り住んだ時に仕事ってあるんですか」と聞かれた時に、具体的な仕事をあげるわけにはいかないけれど、「こういう生き方もありますよ」って語れないと駄目だと思っている。

関係者はみなさんいろいろ関わっていらっしゃる方なので、真剣に考えればいろんな展開が可能になる。口先だけじゃなく、本心から村のことを思ってこの活動をやっていきたいと思っている。いい村にしたい、次世代につながるようなことをしたいという理想をもっている。

私は会社を定年退職した後、地域の方にいろいろ声をかけてもらい、婚活の活動にも加えてもらって四年目に入った。最初の一年は、活動がプレッシャーになってしまって、苦しかった。人を集めなきゃいけないとか、成果を出さないといけないとか、そういうことばかり考えていた。今のように、自分たちがどういうことをしていきたいのかを考えるようになって楽になった。

難しいことも多いけれど、村のためでもあるし、最終的には自分のためでもあると思っている。一つひとつ地域の問題が出てきて、それをみんなで考えながら少しずつ前進している感覚がうれしい。私自身は住みやすい村にならないと婚活事業にも自信をもって取り組めないと思っている。

（奥澤明子）

3　まるごとの交流をつくる「はぐカフェ」と「あちたね」

社会教育研究集会がきっかけになったはぐカフェ

二〇一六年、第五〇回社会教育研究集会プレ集会の福祉分科会「地域とつながる」で、三人の発表がなされた。一人は子どもさんが障害をもつお母さん、二人目が大きい病気をして今は元気で暮らしておられる六九歳の女性の方、それから三人目が介護についてということだった。ところが、発表者にいろんな思いがあり、時間が足りなくなって、全体に不完全燃焼で終わってしまった。そこで、実行委員会のメンバーが集まって話をしたら、私たちにできることが何かあるのではないかということになった。家庭や職場もあるけれど、それとはまったく違う場所、ホッとできる第三の居場所をつくりたいということから、はぐカフェがスタートした。

準備会の段階から何人かに声をかけ、少しずつ輪が広がっていった。自分たちが手を差し伸べてもらうという感覚ではなく、ともに助け合う、そういう関係を村の中につくることをめざしたいということではじまった。かかわった人からいろんなことを引き出すなかで、何かできることがあるのではないか、それをやっていきたいという感覚だった。

このようにしてはぐカフェが誕生したが、特に広報はせず、これまで口コミで広がってきている。活動をしていくなかで特徴的だと感じることは、思いのある人が誰かに伝えるというスタイルや「専門家」がいなくて入りやすいということ。とにかく内容を限定せず、みんなでつらい思いや考えを自由に話せる場所があった方がいい。そこから課題をみつけて、その後、専門家の話を聞くというのがいい。ここには保健師も参加しているが、まったく専門家という雰囲気ではなく、一住民として参加して参加者の気持ちをまとめてくれる。

その人の人となりを知れるのが面白い

はぐカフェをはじめてみると、予想外に若い方の参加があり、若い方がホッとできる場所がないことに気づいた。高齢にさしかかった人の話も聞き、若い人の話も聞くというような会が今までなかったので、新しい関係が生まれ、これからの活動につながっていく予感がある。私の場合は、退職してもんもんとしていたところで声をかけてもらって、先輩に地域の活動に誘ってもらった。若い人たちが自分たちでつくりあげているのはすごいと思うし、これからが楽しみ。

参加者の生き方に耳を傾けることで参考になることがある、子ども同士で遊べる、普段は会わない大人との交流もできるというのがいい。これが目的というのではなく、みんなで同じ場で過ごすことによって、何かしら得られるし、温かい気持ちになれる。そんな気持ちで交流をしている。そういうなかで、何か少しでも役に立ちたいという気持ちになる。ここは、別に何かを得るという場ではない。話したいことを話して、コミュニケーションをとるのが面白い。また、その人の人となりを知ることができるのが面白いという感じがある。

年長の世代から言うと、若い方から学ぶことっていっぱいある。年長だから何かを与えるというものではない。いろいろ教えてもらうこともあって、こんなに若い人が頑張っているんだということや、こんなに地域を大事にしてくれているんだということを感じる。そのつながりが次の活動に発展していく予感がする。

（奥澤明子）

どんな地域のつながり方があるのか知りたくて

村外から嫁いできたり、Ｉターンで来た若い世代にとって、阿智村がどんな村なのかはよくわからない。どんな地域のつながり方があるのかを探しはじめたという感じである。その手探りの一環で、『あちたね』を発行してみようということになった。

自分と夫と子ども、そういう家族だけでも生きられるかもしれないが、地域の中で子どもたちをいろんなところに連れて行き、いろんな人と触れあわせることで、心を育んでいきたいという思いがある。

また、街場と山の方では事情が違って、山の奥だと地域とつながらないと生活がなりたたない、協力し合わないとやっていけない。やっぱりよそ者っていう空気は感じるので、よそ者だけど怪しくないことを示さないといけない。だから子どもがいない時から、近所のお爺ちゃんとかお婆ちゃんにどんどん接近していっていたが、子どもがいるとその必要性はさらに高まるという感じがある。

都会から嫁いでくると、人との距離が近い生活ははじめてで、いろんなことに興味がある。子どものためだけでなく、自分が面白そうだと思うから参加している。前回はよもぎ団子を作ったが、よもぎなんて普段は雑草としか思っていなかった。それが食べられるんだからはじまり、みんなで作っていくという全体が面白いから来ている。

『あちたね』とは「阿智の種」という意味。自分たちが持っている種。種というのは、こういうこと知りたい、やってみたい、これを共有したいという思いのこと。それを育てていきたいっていうので、「阿智の種」にしたらどうかとなった。種だから、いろんなところに飛んでいって広がっていけたらいいという気持ちもあった。現在は、子育て中の母親四人と地域おこし協力隊で子育てにかかわっている人の五人で『あちたね』を編集している。専業主婦もいれば、もうすぐ仕事に出る人もいるし、農業をしながら編集に参加している人もいる。

阿智を好きになるためにつくる『あちたね』

子育て支援室で一緒になった子ども同士がちょっとした喧嘩をしたことで、親がおろおろしてしまったことがあった。それで、お茶をしようということになって、お互いの話をし、「お互いに悩みがあるね」と。自分はこういう悩みがあるとか、公の場では言えないことがあるとか、子育て日記を書いて自分の気持ちを収めているというようなことがわかって、そんなことが書ける新聞があればいいという感じで『あちたね』の発行がはじまった。子育ての新聞というよりも、地域の人たちとつながりたいという、そんな思いがある。私たちも読みたいし、爺ちゃん婆ちゃんにも読んでもらえるようなかたちにしたい。編集しているメンバーは子育て中の人と子育てに関係している人なので、子育てっぽい内容もあるけれど、地域とつながりたいという思いが基本になっている。

　ちまき作りを教えてくれたお婆ちゃんの話があるが、「こんなんに載せてくれるのか」と言われたし、「名前は載せた方がいいですか」と聞いたら、「載せてくれていい」と言われて、「写真もＯＫです」と言われた。『あちたね』のために取材を申し込むようなことはしない。たとえば、お婆ちゃんと一緒に住んでるお孫さんがいて、その関係で「明日ちまき作るんだけど」という話があって参加したら、それが面白いので『あちたね』に載せさせてくださいというかたちが多い。

　みんなで話したのは、『あちたね』は出会った人とつくっていきたいということ。自分たちが面白いと思えるものを伝えていきたい。そう考えると、本当に知りたいのは、そのお婆ちゃんの人生観に興味があり、最終的にはそこを聞きたい。本当にその人のくらしが見える、そんな話を聞きたいと思っている。「みんなに知らせたいので聞かせてくれませんか」と言ったら、たぶん「わしゃあそんな上手には作れんで」ということで断られたかもしれない。友達が誘ってくれて、いっしょに作らせてもらって、その流れで話を聞かせてもらったので、できたのではないかと思っている。

　『あちたね』をみんなとやりたいと思ったのは、阿智をもっと好きになりたいけれど、好きになるには知らないといけない。もっといろんな人と会って、その人の奥の方まで話を聞くことができれば、きっと好きになれるんじゃないかと思ったから。そのようなことで、自然な取材という流れができているのではないかと思っている。

自分たちも本音で、地域の人とも本音で

『あちたね』には本音を載せたいという話をしている。公の施設に行った時に、そこが本当に本音で話せる場かというと、そうはなりづらい。「ぶっちゃけこんな感じだよね」というのはなかなか出せないという話をしてきた。本当に話したいことはあるし、悩みもある。本音を話せる関係づくり、そういう関係づくりを地域でめざしていきたいと最初から話してきた。

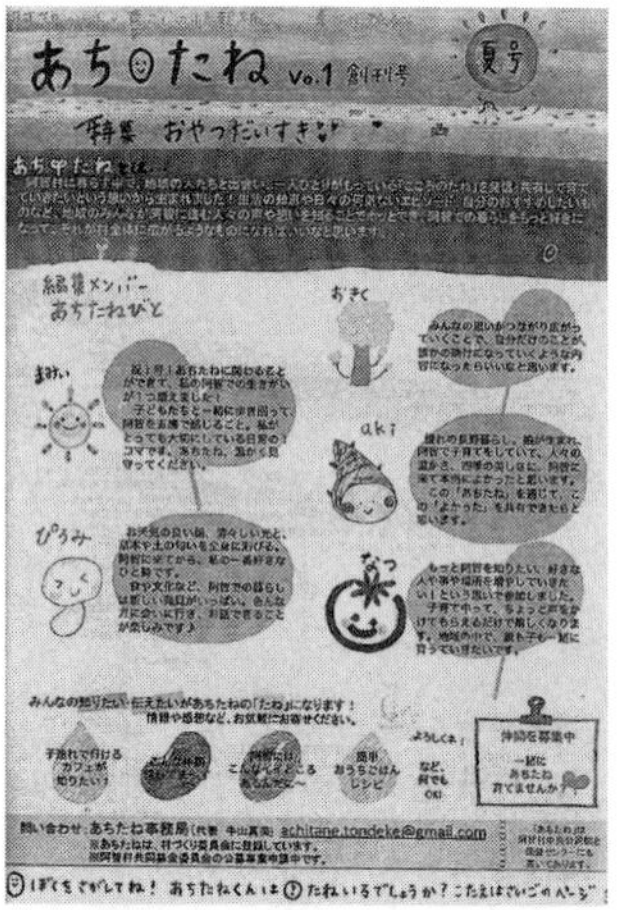

情報誌『あちたね』創刊号

地域の人とも、全部が全部本音を出すっていうのはできないにしても、建前じゃなく話すことができるようになれば、暮らしやすくなるのではないかという思いがある。阿智にも閉鎖的なところもあり、自分がそうしているのかもしれないけれど、子育てのなかでなかなか自分を出せなかった。だからもう少し解放していこうというのがあった。だからどこまで接近できるかわからないけれど、自分が感じたことを載せたいし、その人が伝えたいと思っていることを伝えたい。

活動を受け入れてくれる地域と自治体

『あちたね』をはじめてみて、いろんな人がいろんなことを教えてくれる。役場の人もどうしたら活動しやすくなるかということで考えてくれて、村づくり委員会にすればいいと言ってくれた。ま

た、社会福祉協議会からは申請できる補助金を教えてもらったので、私たちのポケットマネーは使わずにできた。さらに、私たちがお婆ちゃんの話を聞きたいということを伝えたら、デイサービスセンターに連絡をとってくれた。

保健センターの子育て支援の担当の方にも相談した。最初は「勝手にお母さんたちがそんなのやりはじめて」と反感をもたれるかもしれないと思ったけれど、そんなことはなくて、「いいじゃん、いいじゃん」と言ってくれて、「過去にお母さん新聞みたいなのをやってたんだよ」というようなことも教えてくれた。「こんな感じでやってたよ」といろんな人を紹介してもらい、「以前からお母さんたち頑張ってたんだなあ」と思い、それで今の子育て支援室があることを知ることができた。「子育て支援としてもできることはするから相談してほしい」と言ってもらい、「これ載っけたら」と教えてもらって載せる記事もある。

あることをやりたいと言うと、それをみんな前向きに受け取ってくれて、「これはどう」と言ってくれたりする。みんな協力的なんだということをいつも感じている。

（若林暁子、櫻井宏美、牛山真美）

4　男性の楽しみの場から広がる地域活動

智里東地区中平集落に生まれた「グリーンファイブ」

二〇〇六年に、五五歳くらいから八〇歳くらいの男性たちで、荒廃地を何とかしようという話から、「グリーンファイブ」という活動をはじめる準備をした。「グリーン」は緑とか百姓とかの象徴で、「ファイブ」は中平集落が智里東地区の中で昔は五班と呼ばれていたことに由来する。一杯飲みながら、地域をどうしようかという話をいろいろするなかで、古道保存会から、山へ展望台をつくってほしいという話があり、それをみんなでやろうと活動がはじまった。

利益を求めて取り組むのではなく、一杯飲めりゃあいいじゃないかという気楽な考えから、菊芋を作ったり、そばを作ったり、蕗を作ったりしている。産業公社のルートがあるので、それを少しは販売して、いくらかずつでも余ったお金は分配することになった。活動の根本に、智里東地区の中平集落で生まれたので、自分の生まれたところを大切にしていきたいという気持ちがあったのかもしれない。

活動を始めて一〇年以上たった今、荒れそうな土地が増えて、一町歩くらいを管理することになっている。農業委員会を通して契約を結んで耕作している。一町歩とはいっても、二a、三aといった小さい土地もあるので、土手の畦畔の方が圃場より多いようなこともある。自分の土地を荒らしてしまうことを、年配の人はとても気にしている。自分たちも地域にある農地を荒らしてはいけないなっていうことでやっている。しかし、管理を任された「グリーンファイブ」もだいぶ高齢化がすすみ、一人で仕事するのが大変なので、草刈りをやる時は、みんなに声をかけて、大勢でわーっとやってしまう。そうすると元気が出る。

メンバーのほとんどはお百姓なので、道具は持ち寄れるし、一人は重機を持っている。それで、誰が何をもってくるとかいう話もすぐにまとまる。たとえば、水はけの悪い土地に重機を持って行って掘って、運搬車で端に運び、そこに溝を掘って、地区にある竹で暗渠を作り、そばを作ることができるようにした。そういうことをするのが楽しみ。やろうかというと、じゃあ俺は機械もってくるとか、自分はこうするとか言って、損得考えないでまとまっていく。

高齢者の送迎を行う「ささえあい」

前の村長の頃の保健福祉審議会のなかで出た話として、障害のある方を送迎したり、住民でできることを始めていったらどうかというのがあった。智里東地区でモデル的にアンケートが行われた。そのなかで、高齢者が何に一番困っているのかを聞いたところ、医療機関などに行く交通手段がなくて困るという意見が一番多く出た。それで送迎をやってみようということになり、車は行政が用意し、運転はボランティアがするという方向になったが、運転手をどうするかという話になった。

私は阪神・淡路大震災でボランティアがあれほど活動するのはどういうことなのかという関心が

あったので、ボランティアで運転手をやってもいいと手をあげた。そして、仲間に声かけたら、やってもいいっていう人がすぐに五～六人集まって、運転ボランティア「ささえあい」がスタートした。この活動はタクシー会社との関係もあるが、調整ができて、始まって三年を経過した。社会福祉協議会や行政の民生課とも話をしながら、スムーズに事業が展開していて、県の社会福祉協議会の集会でも報告を依頼された。

利用は平均すると一日一件。飯田市立病院までの送迎が一番多いが、公共機関や金融機関に行くのにも使われる。また、利用回数は一人あたり、片道だと四回、往復だと二回と決めている。ボランティアがすべてやってしまうと、利用する人と家族のつながりが薄くなるのではないかと考えて回数を決めた。車は智里東の公民館に駐車場を作ってもらって、智里東の自治会の事業としてやるかたちになっている。事業の契約は自治会長と社会福祉協議会の長と村長の三者で結んでいる。

「ささえあい」では、利用する方が乗ると、車中の話で昔はこうだったとか、ちょっと病気でどうだったかとか、気楽に話せるような関係になっている。地元の運転手ということもあるので、いろんな話ができる。それもお年寄りの方にはいいのではないかという気がしている。こういう活動が広がって、障害のある方を施設に送ったりするのに手助けしてくれる人が出れば、親御さんにしてみれば気を抜ける時間もできて助かるのではないかという思いもある。

人を呼びこみ、経験を発信する

「グリーンファイブ」でも「ささえあい」でも、活動をしているとそれがすべて自分の身になっていると感じる。また、この活動から派生して、いろんな方面から声をかけてもらい、それで自分が知らなかった福祉の関係も勉強させてもらえてよかったと思っている。しっかりした人がやり通す、突き進む人で、なおかつ地域をまとめる、そういうリーダーが出てくると、一つずつ確実にすすんでいくのではないかと思う。

最近、中平という小さい集落に、徳島から空き家に入ってくれる夫婦がきてくれた。子どもさんがまだ保育園に行っているような若い方。そうした時に、空き家の持ち主が私の同級生なので口を利いたり、農地の目途が立っていないっていうので、貸してくれる人のところまで連れて行って一緒に話をした。農業委員会にこうやって話を通すんだよと。農業委員も近くにいて、それも「グリーンファイブ」のメンバーで、その人に書類をもっていって農地を借りられるようになった。その後、もう少し農地を増やしたいっていうので、そのお手伝いもした。

するると今度は、神奈川県から独身の方が阿智村で有機農業をやりたいと言っているという話を聞いたので、中平に入ってくれっていうことで、一緒に農地を見に行って、空き家も探した。冬に軽トラが側溝にはまったので助けに来てくれと呼ばれて、助けに行くなどお手伝いもしている。

二人とも地域に定着してがんばってくれてありがたい。必要に応じ、いろんな顔をしながら、ちょっとしたお助け隊という感じで活動している。また、隣の智里西地区でも荒廃地が増えるのをなんとかしないといけないということで、智里東の経験を話してきた。現在、智里西では米作りのグループ「ゆい」が立ち上がっている。

新しい生活への期待とそれを実現できる地域

私は家から通ってはいたが、会社一筋で生きてきた。公民館や消防団の活動はしたが、実際にこれが阿智村だということの中身がわかっていなかった。会社は飯田市にあったが、六〇歳になったら会社員とはまったく違うことをやってみたいという気持ちがあった。具体的にこれをやろうというものがあったわけではないが、三年くらい前から会社に頼んで、仕事を後輩に引き継いで、地域での生活に入った。

阪神・淡路大震災の時に、ボランティアという言葉がよく使われて、どうしてあんなにボランティアに行くのか不思議だったので、自分でも体験してみたいと思っていた。定年の少し前に、選挙管理委員を依頼されて引き受けたが、「グリーンファイブ」や「ささえあい」の活動には、会社務めを終えて空いた時間ができたので、臨機応変にかかわることができた。

智里東地区は昼神温泉での朝市を始めたし、「協育の会」も続いている。かつては「東を考える会」で壮大な計画を立てたこともあったが、紆余曲折を経て、現在は農事組合の活動を盛んに行っている。その意味で、智里東地区の住民は、何かやろうといった時に、まとまってきた。

定年退職して、それぞれ自分の畑は一生懸命するけれど、何か一緒になって、地域で活動することが難しいということが言われている。中平では、私より年が上の先輩たちに声をかけても、すぐになんとかするぞと来てくれる。私が何かをしているわけではないし、強いこともたまに言ったりするけれど、それでも一緒にやる風土がある。

「グリーンファイブ」も「ささえあい」も男性が得意なことで地域に貢献しようとしているのかもしれないが、実際には、男だとか女だとか考えることはない。無理のない活動を探っていく一方で、荒廃地をつくらないという地域の課題を解決することと、その中で、みんなで汗を流したり、飲んだりと、既存のものとは違う何かがあるのかもしれない。男性がよく外に出て、しゃべって飲んで、地域の人たちもそこに出て来て、なにかあったら「グリーンファイブ」が行ってやってしまう。そういうことに対して、女の方からたまにはお褒めの言葉をいただいたりしている。（熊谷博幸）

阿智村、浪合小学校の二〇一六年度卒業式を見学することができた。合併した旧浪合村のこの小学校は、児童数三五名、卒業生は八名。うち三名が東京都杉並区など都会から学区内にある「通年合宿センター」に寄宿している子どもたちだった。式には東京からその保護者たちもやってきて華やかだ。定員一六名のこの施設は人気で、希望しても入れない子どもたちも多いという。

三月一五日はまだ寒さが厳しく、式典が始まると音を立てる暖房機も止められ、しんしんと空気が冷えこんだ。その広い体育館の中で、子どもたちは、まるで高校野球の宣誓のように全身から声を出して「呼びかけ」をした。両足を開いてふんばって、体を揺らしながら歌う低学年の姿も心に残った。一人ひとりが、「私はここにいる、私の存在を見て」と叫んでいるような式だった。普段の小さな学校の充実した生活が感じられた。

終了後、六年生の教室に集まって、涙を流しながらこの一年間の生活を振り返る子どもたち。親元を離れて初めて気づいたことや山村の生活のこと、その発表を見守る保護者と教師、立ち去りがたい光景だった。一九八九年に建設されたモダンでアーティスティックな校舎を後にし、乗車賃一〇〇円の村内バスを待つ間、通りかかった地域住民に「すばらしい卒業式でしたね」と声をかけた。「人数が少なくなって…」と小規模なことを恥じるような返事が戻ってきた。そんなこと全然思っていないのに。

今、浪合小のように、自分たちの学校が統廃合されることを全く心配しないで心から卒業を祝うことのできる小規模校の保護者、住民はどれくらいいるだろうか。阿智村では「すべての谷筋から子どもの声を消さない」と、五校の小学校―すべて単学級校だが、その校区ごとの公民館、保育園の存続を方針としている。さらに、浪合小と清内路小では複式学級を避けるために村費で講師を派遣している。これは全国的に見て極めてまれなケースだ。

二〇一五年一月に文部科学省が五八年ぶりに改正した「統廃合の手引き」では「単学級以下校の統廃合の適否を速やかに検討」するとされ、厳格な基準化のもとに小学校六学級、中学校三学級以下の学校が次々に廃校になっている。また、小学校四キロ、中学校六キロ以内という統合基準に、新たにスクールバスを用いても「概ね一時間以内」という規定が盛り込まれた。

前泊した昼神温泉の宿から浪合小学校までタクシーで山道を登り約五〇〇〇円の距離だった。これは絶対に小学生が通学するべき距離ではない、と感じた。まだ、身近な生活空間の中で生活している小学生にとって、徒歩圏にある家族的な学校の存在が望ましいのだ。徒歩通学が子どもの人格形成に果たす役割を掲げて統合を違法とした判例（一九七六年）もあるくらいだ。しかし、いま、日本のいたるところでこのような距離のスクールバス通学が出現しているのが実態だ。生まれたコミュニテイから遠く離れ、毎日長距離を移動することは、子どもの発達に何をもたらしているのか。

さらにこの三年間、「地方創生」政策のもと、総務省が全ての自治体に「公共施設等総合管理計画」の提出を要請したことによって、統廃合の圧力は強まっている。将来、自治体が公共施設を改修していくためには多くの赤字が算定され、それを解消するために公共施設の延床面積を減らしていく数値目標が掲げられる。更新費用の算出には、なぜか日本全国で同じ基準の「総務省ソフト」が用いられ、東京の黒字自治体ですら大きな赤字が算出されている。ましてや過疎の自治体では財政破たんが「予測」される。

そんな中で、公共施設の延床面積の四～五割を占める小・中学校は、どこでも格好のターゲットになっている。合併した旧町村の複数の学校をまとめて小中一貫校にしてしまう、幼稚園と保育園をまとめて認定子ども園にしてしまう、そんな無茶な政策が「教育的効果」「適正規模」を口実に行われている。

しかし、学校は地域にとって、ただの公共施設ではないし、延床面積として切り捨てられるべきものでもない。学校が中心になってコミュニテイを作ってきた歴史があり、それを失うことは容易に地域をこわしていくことにつながる。

今から一〇数年前、強引な統廃合が決定された直後の大阪のある市で講演をした時のことが忘れられない。二小学校一中学校を合わせて小中一貫教育をするという「口実」の教育改革の下、その枠組みからはみ出す二小学校が廃校されることになった。児童が二〇〇名以上いる学校も対象になり、反対運動が起きたが押し切られた。「地域が学校を守るなんて信じられない。この地域からは苦情の電話しかかかってこない。中学生が外で喫煙をしているとか」。フロアから、学校職員のそんな声があげられた。

その三日後、昼のニュースでその街の風景が映しだされた。不登校をしていた一七歳の少年が母校の小学校に侵入して教師を刺殺したという事件だった。少年は小学校の時にいじめを受けていたというが、被害にあったのはその時の教師ではなかった。また、小学校も統廃合の対象校ではなかった。しかし、殺伐としていたあの地域の雰囲気を思い出してやりきれない思いがした。

翌日、都内にある娘の小学校のPTAで、校長がこんなあいさつをした。「昨日は悲しい事件がありました。でも校門を閉めても施錠をしても子どもたちを守ることはできない。学校を守るのは地域のソフトの力です」と。

たまたまその朝、係のお母さんたちが学校の玄関に、地域の人から寄贈された古い大きな雛段を飾ってくれていた。「私は毎年、一年生がこの雛人形の前に来て（ママ）『ひなまつり』の歌を歌うのを校長室で聴くのを楽しみにしています」校長はそう話を結んだ。

その時、学校が、そしてそこに通う子どもたちが、長い時間をかけて積み上げられた見えないものに守られていることを強く感じた。「伝統」とか「特色ある教育」とか、そんなものを含みこんだもっと大きなものに守られている。そして公立の学校であっても、それぞれ異なった個性があり歴史がある。そして廃校はそれを一瞬で失わせてしまう。

子どもの成長や発達にとって地域が果たす役割については、もっと科学的に実証されていく必要があるとは思う。しかし今行われている、活力のなくなった地域を切り捨て、大多数の子どもたちに安上がりな教育をあてがっていくような教育改革に対して、自治体が小学校を守っていくことは最大の対抗軸になるに違いない。

（山本由美）

第3章
一人ひとりの人生の質が高められる村をめざして

阿智村役場

一人ひとりの人生の質が高められる村をめざして

岡庭一雄

1　総合計画に盛り込まれた「目指す村の姿」

「住民一人ひとりの人生の質を高められる持続可能な村」。これが一九九八年に策定した阿智村第四次総合計画の「目指す村の姿」である。第五次総合計画（二〇〇九年）もこれを踏襲している。阿智村は二〇年間この目標実現に向かって進んできたことになる。

中山間地に位置する阿智村は、農林業が中心の村であり、一九五五年に三村が合併して誕生したものの全国的な過疎化の波を受けてきた。しかし、周辺町村に先駆けて一九六三年に「工場設置奨励条例」を制定し、企業誘致を進めてきた。そのなかで、村出身者の好意で自動車関連の工場誘致が行われ、製造業が村の主力産業となり、その後の経済成長によってさらに村経済を潤わせてきた。時を同じくして中央自動車道の開通、昼神温泉の湧出による観光人口の増加と、国の経済成長を順調に受けて発展してきた。

戦後、国は国土開発計画をつくり、それを地方において実現していくために自治体における「総合計画」がつくられてきた。当然その基調は、国の経済成長施策を踏襲するもので、経済の拡大と人口増加を目標に入れてきた。阿智村においても例外でなかった。

しかし、一九九〇年代に入ると、経済のグローバル化が我が国経済に影響をもたらすと同時に、順調に推移してきた村の産業に大きな影響をもたらすことになった。村の中心産業であった農林業は大きく後退し、山間集落の維持が困難になる等、経済が成長する裏で大きな問題が起きてきていた。

村の経済が縮小し、再び人口減少が始まった。こうした状況を受けて作られたのが第四次総合計画であった。「持続可能な村」という課題が、現実のものとして検討されなくてはならない事態に立たされていることに気がついたのである。

誘致企業にしても観光人口にしても、村の外の経済（外部経済）に左右されるものでこれによって潤ってきた村の経済や、加えて国の財政政策によって左右される村の財政も含め依存型の村は、富の配分中心の村政からの脱却が課題となってきた。

依存・分配型の村の限界に対して、村が持続していくためには、住民自身がこの村に生きていくことに意義を感じ、住み続けることを覚悟し、そのための条件をつくりだすことが重要であると考えた。

そこで登場したのが「住民一人ひとりの人生の質を高める持続可能な発展の村」という目標であった（第五次計画で「発展」を削った）。この目標に従ってどのような行政を目指していくべきか検討の結果、これまでの阿智村での住民、議会、行政における経験を踏まえて作られたのが、次の行動指針であった。

「行政は、行政情報のすべてにわたって情報の公開（説明を含む）を行うとともに、住民の学習、実践を支援し、住民に判断を委ねる。議会は、審議を通じて住民判断を手助けすると同時に決定に責任を負う。住民は、自分の地域や、暮らしの主体者として、企画し、発言し実践する」役場や議会中心の行政から、住民主体の行政への転換である。

「住民一人ひとりの人生の質を高める」とは、憲法第一三条「すべて国民は、個人として尊重される。生命、自由及び幸福追求に対する国民の権利については、公共の福祉に反しない限り、立法その他の国政の上で、最大の尊重を必要とする」と定める基本的人権の中核をなす「幸せ追求権」を村政の中心として具現化したものである。

地方自治と基本的人権について、財政学の立場から基本的人権と地方自治を論じた島恭彦氏は次のように述べている。

「基本的人権は、何か宙にうかんだ抽象的な権利ではなく、人間が生まれ、成長し、生活し、労働し、そして老いて死ぬそれぞれの地域の具体的な自然的・社会的条件に規定されているものである。したがって民主主義の運動もまた具体的にはそれぞれの地域の諸条件を改善する自主的、自発的な住民運動として展開されざるをえない。地方自治の概念は、基本的人権を擁護する地域の民主主義運動から民主的な制度や自治的な組織までをふくむはば広い概念として成立するのである」（島恭彦「現代自治体論の潮流と課題」『現代と思想』第一九号、青木書店、一九七五年）。

日本国憲法で新たに加えられた「地方自治」で定められた地方自治体（憲法第九二条「地方公共団体の組織及び運営に関する事項は、地方自治の本旨に基づいて、法律でこれを定める」）は、島氏の指摘するように「地方自治の概念」を実践する組織ということである。一人ひとりの住民は、「意義ある人生を送りたい」という願いを、擁護し発展させるために、阿智村という自治体を構成しその構成員になっているという基本的な認識の上に村づくりを進めていくということであった。

第四次総合計画の一〇年、第五次総合計画の一〇年の二〇年間、「一人ひとりの人生の質を高められる持続可能な村」をめぐってその理念について十分議論してきたとはいえないが、この間、前記の行動指針に基づいた実践を重ねてきたことは確かである。住民、議会、自治体職員が目指してきた村づくりの理念は何であったのかを改めて考えてみたい。

2　憲法が貫く地方自治

日本国憲法は、明治憲法（大日本帝国憲法）を国民主権、基本的人権、平和国家を目指して改正してできたものであるが、そのなかにあって「地方自治」と「戦争の放棄」の二章がともに新たに章として追加されたのである。

「地方自治」と「戦争の放棄」は、憲法上において明治憲法体制を継続していくのではなく、全く新しい国づくりを目指した考えに基づくものであるといえるのである。「第二章　戦争の放棄」が、憲法が掲げる精神を守っていくための、絶対的条件として平和を位置づけているのに対して、「第八章　地方自治」は、その精神を進めていく上で欠くことができない制度とされているのであり、「地方自治」を「地方自治の本旨に基づいて」法律で定めることを命じ、さらに組織や権限について具体的に規定したのである。

「地方自治の本旨」については、法律その他に具体的に明文化されたものがないが、現憲法が期待しているのは、戦争遂行を可能にした明治憲法の否定と、それを可能にした諸制度の改革である。したがって、戦前の「地方制度」を顧みることで、その対極にある戦後の「地方自治の本旨」の具体像を明らかにすることができると考えるのである。

戦前の地方自治制度を顧みるうえで重要なものは、明治政府が地方自治制を採用するときにその具体的な進め方を示した「市町村制理由書」である。そこでは「今地方の制度を改むるは即ち政府の事務を地方に分任し又人民をしてこれに参与せしめもって政府の煩雑を省き併せて人民の本務を尽くさしめんとするにあり」と自治の本義が説かれた後、「概ね地方の人民をして名誉のため無給にして其職を執らしむるを要す而してこれを担任するは其の地方人民の義務となすこれ国民たる者国に尽くすの本務にして丁壮の兵役に服すると原則を同くしさらに一歩を進むるものなり」とされている。地方自治制度の本旨は、兵役義務と原則を同じくするもののみならず、さらにそれより一歩進むものとされていることが重要である。

明治政府が、特別「理由書」を公告して徹底を図ろうとしたことにみられるように、「地方自治」

は、憲法に規定を設けていないものの、国政遂行のための重要な制度として位置づけられていたのである。

こうして出発した戦前の地方行政制度は、その後の変遷においては、地方自治の権限の拡大を図ったり、選挙制度の改正を行うなど制度の手直しが行われてきたが、戦時体制づくりが進められると、より集権的な体制へと強化されることになった。

一九四三年二月、第八一回帝国議会において市制・町村制・府県制・北海道会法の改正が可決され、三月に公布された。改正の主なものは「市町村長の選任方法／助役の選任方法、考査役の新設／市町村会の権限縮小／市参事会の機能拡大／国政事務の委任／市町村長を中心とした各種団体の諸施策の総合計画化／町内会・部落会の法制化／事務処理の簡素化」であり、一層戦争遂行のための体制が強化された。

このようにして、地方自治体も、住民も戦時体制に組み込まれていくことになった。このような制度を可能にした思想が「(国家に対する)自発的協力、自己の良心の発動に基づき個が全体のために没入的貢献をすることが、我が国の立憲自治の指導精神である」(前田多門「公民自治の可能性」『自治制発布五〇周年記念論文集』東京市政調査会、一九三八年)という「滅私奉公」を基本とした「公民自治」の考え方である。すなわち、「自治」という仕組みを利用して、地方行政体や住民の自発的意思で国家政策を国の隅々まで行き渡らせ国民を動員する道具として使われたのである。

以上のような戦前の地方自治制度に対置するものとして、戦後の「地方自治の本旨」は、次のような考えでなくてはならない。それは、戦前の国家行政を国民に担わせる仕組みとしての自治から、その地域に暮らす住民の幸せを実現する仕組みとしての自治への転換である。

「地方自治の本旨」は、憲法第一三条に規定されている「国民は個人として尊重される」を基本にし、国民を「公民」として国家に尽くすことを本務とした戦前の「公民自治」を否定した、一人ひとりの個人としての「住民」による「住民自治」と、「住民自治」を国家権力や他の団体から守る「団体自治」をいうのである。

こうして見てきたように、明治憲法下においては、制度的にも、運用においても市町村の自治権は限定的で、最終的には自治権は保障されていなかった。「団体自治」「住民自治」を実現するには、国家から独立した「地方自治権」の保障がなくてはならないのであり、そのために憲法で「法律でこれを定める」と規定し、このことによって「地方自治権」は確立されているのである。このような戦後の「地方自治の本旨」を念頭において、阿智村の行政施策をすすめ、そのなかで住民の活動が行われてきた。

しかし、全体的には憲法の示す理念に基づく地方自治が発展しているとはいえない状況にある。地方自治法が施行されて七〇年を経過するが、国と地方の関係や住民の自治に対する意識等、制度発足時の理念や制度が後退しているといっても過言ではない。戦後民主主義や平和主義が変えられようとしている今、改めて地方自治の本旨としての「住民自治」と「団体自治」を考えてみることが必要である。

3　住民自治の本質と進め方

「住民自治」が日本国憲法における「地方自治の本旨」の根幹をなすものであることについて述べてきた。しかし、戦前も「自治」という言葉で地方行政が行われていたのであり、戦後の「自治」とどう違うのか考えてみることで「住民自治」の本質を見極めてみたい。

「自治」とは、「自ら治める」という「自主政治」を言い表すものである。住民自身が「自らの責任で」その地域のあり様を決め、決めたことを「自らが実行する」責任を果たす仕組みである。「人民が権力を有し実行する政治」である「民主主義」と同一語でもある。そう考えてみると、戦前の自治は形式的には、自らが決め、自らが実践するということであっても、その裏には国家権力に従うことが義務づけられており、住民の基本的人権が否定されたもとでの「自治」であり、「民主主義」とは相反するものであった。

我々は、自分自身の基本的人権を守り高めるために自治体を構成しその一員になっているのであるから、住民個々の基本的人権を守り高める方向で「自治」は進められなくてはならない。自治体は、さまざまな事情でこの地に住んでいる住民によって構成されているのであり、それぞれが異なった思想や異なった職業や年齢等まちまちな人びとの集合体である。しかし、一つの自治体の中で集団生活をしていくためには、構成する住民全てが守るべきルールを作らなくてはならないが、このルール作りが「自治」という仕組みになる。個々の住民の基本的人権が保障される「自治」を進めるためには、構成するすべての住民が、自分の権利を大切に考えるのと同じように他人の権利についても大切に考えることが要求される。

「住民自治」は、一朝一夕にうまく実行できるものではなく、「住民自治」を進めるために必要なことは、全ての人びとが納得できる時間とお互いの主張を認めあえる寛容がなくてはならない。「自治」を合理的に運営にするため、住民に代わって政治等を行う機関として設置した首長、議員、職員等は住民の「委託機関」であり、委託機関においても同じように配慮がされなくてはならない。また、「自治」には、「決めたことはみんなで守る」という「拘束力」を伴う。十分な議論を経て決められたことはたとえ不服であっても従わなくては「自治」は成り立たない。しかし、このことによって基本的人権が侵されることがあるとすれば、基本的人権を保障するために「自治」に参加しているにもかかわらず阻害されてしまうことになる。それでも納得して決定に従うためには、決定過程において十分議論が尽くされ決定されたことに賛成できないまでも理解できることが欠かせない。そのために十分な議論ができる時間と機会が保障され、最低でも言論の自由が保障されなくてはならない。

これに関連して二宮厚美氏は「(現代社会では、住民相互の利害関係が一致せず、対立しあうこともあり、共同性概念は成立しがたい)。住民相互の利害対立を克服して、共同性の世界を開くためには、公論空間におけるコミュニケーションによる了解・合意の獲得に向かうほかはない。住民自治とは、住民相互の公論空間における共同性の確立・合意のことである。公論形成を媒介にした住民自治が、地域社会の共同性をつくりだし、これが自治体等の公共性を導く、ということになるわけである」(『福祉国家型地方自治と公務労働』大月書店、二〇一一年)と述べている。

我々が目指す「住民自治」を進めるためには、戦後民主主義のなかで広がった安易な多数決による決定方法を乗り越え、熟議と言論の自由によってより真実に近い結論を見出していく合意形成が行われることが望まれる。

4　住民自治を支える自治体の役割

地方自治体の首長選挙になると盛んに訴えられる言葉に「○○市は、○○市最大のサービス企業である。私は市民の皆さんの御要望にしっかり応えてまいります」といった類のものがある。自治体をスーパーマーケットと同一視し、市民を顧客ととらえて、しっかり品ぞろえもし、市役所職員も市民の満足のいくサービスに心がけますということである。これは、市長を中心とする市役所が行政執行の主体であり、住民はお客として客体化する考えに基づくものである。また、行政と住民が対等の関係で協働して地区づくりを行います、あるいは協働の町づくりに参加しましょうという「協働」ということも今日広く使われている。この考えには、行政も住民とともに自治体の主体者であるという考えに基づいている。あるいは、「住民の参画を得て」という言葉にあるように、行政の主体は行政執行機関にあり、住民はそれに参加するという準主体者として位置づける考えもある。いずれも、これらは、先に記した、住民は自治の担い手としての地域の統治主体であると同時に客体でもあるという考え方からは乖離したものである。

しかし、今日の住民意識は、顧客として扱われることや、市長を含む行政執行者が皆さんと同等なのですよといわれることや、参加の機会を増やすことに共感と賛意を表している傾向にある。多くの住民は、自分に関心のあること、自分の直接の利害にかかわることには積極的であるが、他は無関心を装い、主体から逃れ、客体化を装おうとしているのである。

住民が地域づくりの主体者として、自覚的に自らの生活課題や地域課題の解決を図っていこうと考えないところに真の住民自治の発展は期待できない。

住民自身が、生活や地域の暮らしのなかに存在する、解決していこうとする課題に気づくこと、その問題の解決の見通しを立て、自分ひとりの力ではなく周りの人たちと共に行うことを決意し実践する過程で、住民の主体の形成は進んでいく。人間の本質は、社会的な関わりがなくては生きていけないのである。社会的な関わりの中で人間発達が促され、社会的な関わりによって成長し、主体者としての自信や誇りが醸成されるのであり、客体化する自分を克服していくなかで真の幸せ感を獲得できるのである。このような考えに立って住民自治を考えた場合、住民自身が主体的に担う自治には、二つの側面があると考える。住民意思に基づく民主的な自治体をつくる手段としての自治と、主体的に自治に加わることで、満足感や幸せ感を得ることのできる目的としての自治である。

まず手段としての自治においても、住民は、自治体の主権者として行動することが求められる。統治主体として、発言し行動すると同時に、首長や議員等を選んで自治を代行させることとしている。この場合の統治主体としての住民の権利や義務等については、憲法や地方自治法によって規定されている。首長や議員等を選挙で選ぶこと、首長や議員等の解職を請求する権利等である。多くは代行機関による間接民主制によって手段としての住民自治は進められている。このため、ともすると先に記したように、自治の主体が代行機関である首長や議会になってしまい、住民自身もそう考えてしまう危険性を持っている。したがって住民自治を考えるならば、常に間接民主制の持つ危険性を克服し、住民自治本来の直接民主制を志向することが重要である。「町村は、条例で…議会を置かず、選挙権を有する者の総会を設けることができる」（地方自治法第九四条）と、町村総会が議会の機能を果たすことができる規定がある意味を重視する必要がある。

これまで我々は手段としての自治は重視してきたが、目的としての自治、住民の持つ「幸福追求権（憲法第一三条）」と連なる直接自治を担う「権利としての自治」については軽視してきた。

自治はその言葉が示すように、自ら治めるということである。地域の課題を住民が直接的に解決するために行動するという理念が原点にある。先に主体の形成について、気づき、考え、行動することによって主体者としての意識が確立していくと述べたが、主体的に、直接自治に関わり、行動することによって自己実現の喜びや、自分の価値を他人から認められる喜びを感じることが可能になるのである。自治の営みにできるだけ直接関わることが、真の幸せの実現にとって大きく関係すると考える。


以上みてきたように、住民自治の充実こそが住民自身の幸せを実現することである。そのために、代行（委託）機関としての行政機関は、積極的に住民自治の充実について役割を果たさなくてはならない。

また、住民自治の発展は、領域としての地方自治体の充実した行政を実現するだけでなく、住民自身の主権者としての意識を高めることにもつながる。住民自身が直接地域自治を担うことによって地域の問題と関係する国政の問題と向き合う機会が多くなる。国の政治への意識が高まることで、国の主権者としての意識も高まることになる。

5　住民主体の行政をつくるために

住民主体の行政

「住民自治」という言葉は知っていても、住民のなかには浸透しておらず、具体的にどのように進めるのか経験がない状況であった。そこで誰にでもわかりやすい言葉として「住民主体の行政」とした。住民にとって突然「あなたたちが、地域の主体者です」といわれても、住民にはその意味が解ってもらえない。言葉ではなく今までの行政の進め方を具体的に変えることで自然に自覚していってもらう方策をとることにした。

まず、行政の側が、「住民要望を単に取り入れるのではなく、住民とともに考えながら必要な情報は常に提供し、住民からの提案を待ち、政策化する。事業等の計画、実施に当たって住民同士での協議や、決定を重視し、行政の都合でものを決めない」対応を重ねることで、住民自身に主体者としての自覚を高めてもらおうと考えた。

住民の多くは、地域づくり等に積極的に関わりたいと考えており、すでに、主体的に地域課題や、生活課題に対して、改善に向けて取りくんでいる。行政が、こうした住民にしっかり対応することで信頼されてこそ、住民が主体者として積極的に関わる契機になり、住民自治が広がっていくと考えたのである。

行政情報の共有化

住民が主体者として、行政にかかわるためには、常に行政情報の取得が容易にでき、より積極的には情報を住民と共有することが必要である。住民が必要としているか否かにかかわらず、あらゆる情報は、主体者である住民のものであるという認識がなくてはならない。庁内においてすら情報の共有化が進んでおらず、情報の整理や公表方法等考えていかなくてはならない課題をかかえていた。すでに、行政情報を、だれでもが瞬時にみられるように整理できている自治体も出てきており改善の必要を感じていた。そこで当面は、財政や事業内容等を中心に公表を進め、村の課題や生活情報を定期的に提供することとしたのである。一方的に、情報を提供するのではなく、必要な説明を行うこととし、村行政の基礎組織として、集落（部落）を位置づけ、集落単位に年四回発行する村の広報を資料として、集落担当の職員が説明会を行うことにした。この説明会では、村の当面する事業の説明を行うと同時に、集落からの行政要望等をヒアリングする。集落は五六集落あるので、保育や給食等の職員も含め、全ての村職員がこれに当らなくてはならない。説明のための予習も必要で、このことによってすべての職員が村の状況をいやがうえにも知る機会にもなっている。

住民要望は直接住民が行う

従来から、行政に対する住民要望は、年二回開かれる行政懇談会で出すことができるが、日常的には、地区の村議会議員によって持ち込まれることが一般的であった。地域内の御用聞き的な役割をもった議員に任せることで、住民が直接行政と関わることが少なかった。そのために、時には地域内で十分協議されておらず実施に当たって混乱をきたす事業もあった。

住民主体の村づくりを発展させていくためには、住民が地域の課題を地域内で十分協議し、直接要望を行い、あるいは対案を提案することがなくてはならず、行政担当者と住民との協議の場が住民自治であるという考えに立ち、議員を通しての直接の要望は遠慮してもらうことにした。これを実現するためには、住民自身が要望に対し責任ある説明ができることが必要で、要望を受ける行政は、全ての住民が自由に行政に要望や協議ができ、それについて分け隔てなく対応し、迅速で公平な対応ができることが欠かせない。誰でもが、自由に行政に対して要望を出すことができ、それをめぐって現場で具体的に協議されることが必要である。

このような進め方に対して住民から「自分たちで考え、自分たちで地域の合意を得、自ら役場と交渉し進めるとすれば、議員は何をするのだ」という意見が出された。これを受けて議会では、議員の職務は、村の重要な施策を考え、提案し、地区の利益だけでなく村全体のありようを考えるのが本務であるという認識の共有化が進められた。

住民主体と議会の役割

住民主体の行政を進めるうえでの議会の役割について、議会としての取り組みが進められた。議会として出された方向は「（議事機関として）住民に代わって十分な論議を行い、議決したことについては十分な説明責任を議員全員が果たす」ということであった。

議事機関としての議会は、審議を通して議案に対する住民の理解を深め、住民がその案件について判断を行えるようにすることも議会の持つ役割であると考えている。議員同士や住民のなかで大きく賛否が分かれる案件については、議会として住民意見を尊重することとし、地区の懇談会を開催して住民同士の議論を深めつつ意見集約を行うこと、議会としての調査等を十分行い、論議を深めることとしており、議員全員が納得できるまで協議を繰り返した上で結論を出すことにしている。賛否の分かれる案件では多数決によらないで、十分議論し全員が納得のいく結論を導き出すことにより、全議員が議会としての議決責任を果たせることを目指している。

住民の持つ行政に対する要望やさまざまな行政課題への政策提言を行うことも議会の責務と考え、経済、福祉、子育て等の住民団体との懇談や先進地視察を実施し、政策化するための活動に力を入れている。全ての議員が参加する条例設置の政策検討委員会を持ち、政策の調査、学習等を行い、議会としての政策提言を行っている。

予算編成に住民参画

自治体にとって最も基本となる予算は、一般的には、行政が住民要望等も聞きながら編成し、議会の議決を経て執行されていく。かつては、ほとんどその過程において住民が関わることができず、作られた予算に住民は従わされることになっていた。

また、決められた予算書を見ても、主体者である住民にはわかりにくいものになっている。予算編成に、住民が関わり、予算の詳細について十分理解できることは、住民主体の行政においては欠かすことのできないことである。このためには、支出科目ごとに細分化されている予算書を、事業ごとの予算に作り替え、事業ごとの計画に経費を載せれば住民にもより分かりやすくなる。予算審議は、事業計画ごとで検討し、それを最終的にまとめて予算書にするということで住民が予算編成に参画しやすくなるし透明性も高まる。また、同時に事業評価もしやすくなる。

予算編成のスケジュールは、九月決算議会が終わると、一〇月より自治組織ごとの行政懇談会を開き、村の財政状況を説明し、地区からの要望を聞く懇談を行う。この懇談会の後、村内の個人、団体において来年度予算に対する要望、提案を一二月末まで受けつける。議会においても、事業評価を行うとともに来年度事業の検討を始める。二月末までに、予算編成を終了し、議会への提案予算書が確定したところで、再び地区懇談会を行い、予算の概要と事業内容を報告し住民と懇談する。当然、住民や団体からの要望や提案が取り上げられたかどうかを説明する。こうした過程を経て予算案が議会の審議を経て確定する。

議会において議決された後は、予算審議で認められた事業ごとの計画書を全戸に配布する。事業計画書には、財政状況、事業ごとの目的をはじめ事業内容、財源内訳と支出内容が記載されている（二〇一七年度は、全戸には予算概要書が配布され、事業計画書の配布は希望者のみとされた）。議決された予算の説明は、議会が、地区ごとに説明会と懇談を兼ねて行っている。

住民自治の実践主体

地方自治は、住民全体の意思として公として行われる自治と、住民全体の意思ではなく、住民有志や住民団体等による自主的な活動によって進められる私的な自治とがある。

一つのことを住民全体の意思としてまとめていくためには、住民同士でのさまざまな論議や、実践を行うことが必要である。公であるか否かの判断は議事機関である議会が行う。公になれば、公平や公正というような一定の決まりの下で進めなくてはならない。特に住民自治にとっては、後者が活発であることが重要である。そうした公の決まりにとらわれることなく自由に住民同士で、論議や実践を重ねることで公の自治の質は高められる。

住民自身による、住民自治の実践主体には、地域を基盤にした地域自治組織と課題を中心にした村づくり委員会とがあるが、いずれに対しても、住民の自由な取り組みが保障され、公はできるだけ干渉しない形で支援を行っている。

次に住民自治への取り組みのいくつかを紹介する。

【地域自治組織】

江戸時代の自然村は、明治政府によって行政村に再編された。その後も、暮らしに直接かかわる道や井水、山林等の事業は「区」として継続されてきた。しかし、一九五一年の昭和の合併によって「区」を行政上の組織として位置づけないで、集落単位の「部落」を行政上の住民組織として位置づけてきた。合併前の旧村単位の住民組織も行政上は位置づけることがなかったが、公民館だけは旧村単位に（智里地区は東西に分けられた）に四分館として存続され、一九八〇年にそれぞれ地区公民館として再編された。

地区公民館として位置づけられたため、地区のさまざまな課題に向き合い、福祉や健康、教育や産業振興等、公民館を中心に住民の活動が始まることになった。

住民主体の行政を進めるうえで、地域的な課題に取り組む住民組織が必要と考えられ、地域自治組織づくりを提起した。しかし、住民の側からは、行政が関与した自治組織については、「下請け機関化」してしまうという危惧が出された。そこで、地域において住民自治の発展のためには、地域自治組織は必要であるが、行政の中にその組織を取り込んでいくのではなく、あくまでも住民による自主的な組織として位置づけ、その地域を代表する団体として行政は対等の関係で対応することにした。この結果、現在では八つの自治組織ができている。この自治組織には村から地域の人口等を勘案した交付金を支出し、村職員が活動を支援すると同時に、この組織が独自に計画した振興計画（地区計画）は、村の総合計画に位置づけられ、ここから出される行政要望については、行政課題の一つとして予算や村の計画に優先的に組み入れられることになっている。

【課題別組織】

地域自治組織が暮らしの面的な組織であるのに対して、住民個々が持つ全村的な行政要望に基づく課題別自治組織が「村づくり委員会」である。これは、五人以上の住民が集まって村づくりにかかわる研究や事業を行うことに対して支援を行う事業である。特定の政治運動や営利事業、布教活動以外であればどんな活動も支援する。「協働活動推進課」に届け登録されると、学習や視察等飲み食い以外の財政支援が受けられるのと同時に、行政職員も研究活動等に参加して研究を進めることができる。

村づくり委員会で取り組まれている課題については、行政が取り組んでいない事業や、進めている事業で改善を要する事業等を住民同士で考え、実現を図っていこうとするもので当然村への要望としてあげられることが多い。また現に村が進めている事業への否定的な研究等についてもこの事業は適用され、結果として村へ提案、要望としてあげられる。これらの活動については、研究し要望するだけでなく、議会審議を経て公の事業としてとりあげられ、事業化された後も、村づくり委員会として運営等にかかわっていくことができる。

【住民の自由な学習の保障】

一九九六年、県の産業廃棄物処分場の建設計画が持ち込まれた。当時は廃棄物処分場の不適切な運営が社会問題化している時期であった。当然村内にも拒否意識は強く存在していた。しかし、県からの申し入れということや、村としても下水道汚泥処理等の課題もあり、行政も議会も処分場は必要なものであるとも考え、受け入れるか否か十分検討をして結論を出すことにした。

そこで、この問題に取り組むために、反対、賛成を問わず住民の行う学習や視察を含む取り組み等については必要な支援を行った。村独自で社会環境アセスメント委員会を作り、計画の検証と地域に対する影響等を検討し、検討の過程を公開することで住民の学習の場とする。議会においては、決定の最終責任は議会が負うこととし、学習や視察、討論を繰り返し、住民意見の集約を行うための集落ごとの懇談会を開催してきた。

この方針に沿って結局三年間議論を重ねて、当時とすれば、最高の透明性と安全性を盛り込んだ県との協定書案を、議会での論議を経て、全員一致で受け入れることを決めた（結果的には、県において処分場計画が延期になり今日にいたっている）。

反対、賛成に分かれ激しい運動が行われたが、感情的な対立が残ることなく、結果的には、住民間の環境問題への意識が高まることとなった。

この経験から、住民意見が大きく分かれる問題や村政に影響が大きいと思われる案件について決めていく場合、住民間での賛成、反対を問わない自由な学習や論議を保障し、感情論や利害論にとどめないで、事実にもとづく科学的な知見による研究を行った後（独自に研究委員会を設け、賛成反対の根拠を公平に分析する）、その研究結果に基づき論議を尽くして、大方の住民が納得できる結論を導き出す方法をとることとした。

この経験から、今回、リニア中央新幹線工事に伴うトンネル掘削と排土運搬による地域の暮らしや経済に対する影響を客観的に判断するために「社会環境アセスメント委員会」による調査研究が行われた。この結果を受けて、環境への影響の最小化について村が設置した「リニア対策委員会」において検討が続けられている。

【住民主体の形成を図る公民館】

住民自治を進めるためには、住民自身が主体者としての自覚がなくてはならない。住民が主体者として自覚していくためには、いわゆる「主体の形成」が図られることが欠かせない。

主体の形成については、「地域をつくる学び」に関連して鈴木敏正氏（札幌国際大学教授）は「地域住民がその自己疎外を克服し主体形成を遂げていくために不可欠な学習活動として自己教育過程、すなわち①まわりの世界を批判的・反省的にとらえ直し（意識化）、②みずからの力を見直し信頼し（自己意識化）、③自分たちに必要なものを協同して創造し（理性形成）、④これらをとおして自己教育主体となっていく過程と考えてきた」（『地域をつくる学び』と地域的公共圏の形成」『ポリティーク』第6号、旬報社、二〇〇三年）と述べている。主体の形成にとって必要なことは、自己教育としての学習である。住民の学習の機会や、教育の機会を保障することもまた住民自治の発展にとって欠かせないのである。

阿智村の場合、住民の学習要求にこたえる機関として公民館が役割を担っている。戦後、全国に作られた公民館は、公的な社会教育機関として地域の民主化や生活の向上に大きな役割を果たしてきた。住民が持つ生活課題や地域課題を住民自身が主体的に解決していこうと考えた場合、前述したように学習が必要となるのである。公民館が、こうした住民の持つ課題を学習課題に発展させ「地域をつくる学び」を住民とともにつくりだしてきた。

住民個々が持つ課題を社会的な課題として意識化し、課題を解決する力を学ぶことによって、阿智村のそれぞれの住民自治は発展してきたのである。自由な学びを保障し高める公民館が、住民自治のプラットホームとしての役割を担ってきた。公教育機関としての公民館での学習を経る過程で、それぞれの持つ地域課題の解決がリアリティーを持つものになり、普遍的なものとなって、関心を持った限られた住民の課題から多くの住民の課題へと発展することができるのである。それに加えて、実行委員会と公民館で毎年開催し、二〇一七年で五〇回となる「社会教育研究集会」も大きな役割を担ってきた。

6　協働を支える行政と職員の役割

「一人ひとりの人生の質を高められる村」を目指して取り組んできた理念としての「住民自治」の理論と、実践をみてきた。

ここでは「住民自治」の具体的取り組みを「協働」という言葉で表している。

大方の自治体が協働というとき、「行政と住民が対等の関係において…」という言葉が使われている。しかし、阿智村では、村と住民が対等という考えに立って協働を考えていない。住民が主体的に、新たな公の事業を作り出していく住民同士の営みを協働と位置づけ、行政はそれを支えるものであると考えている。

行政が、協働という名のもとに、公の事業を、住民に担ってもらうことで、公の分野を縮小させていこうとするものではない。協働の活動を支援し、活動から学んで公の事業の質・量を高めていくことが行政（村）の役割であると考えている。

行政の職員は、住民主体というなかでは、受け身に陥りがちになる。しかし、行政の専門家として職員が積極的に住民要望の質的な向上や効率的な運営等をともに考え、実践することで住民自治はさらに発展する。住民の自治へ取り組みを促し、自らも役割を担い、住民自治の否定や住民自治を阻害するものを許さず、住民自治を守っていくことは自治体に働く労働者としての使命である。

鼎談　自治体労働者の役割と課題

櫻井拓巳
山本昌江
岡庭一雄

役場職員になった理由

櫻井　大学を出て一年目は一般企業、飲食店に勤めました。地元に帰ってくることは最初から決めていたことで、地元でやりたいこと、花火、祭りがありました。祭りや地域のことをやりたいなと思って戻ってきました。でも、ついた仕事で夜とか土日とか取られて、なかなか地域の活動に出られなくなったときに、たまたま公務員の試験があると先輩に声をかけてもらって、役場の職員になれました。今は議会事務局で書記とか選挙管理委員会、監査事務局の事務もやっています。

山本　阿智村の保健師です。保健師って何って問われてもいつもうまく答えられないんですけど、住民の健康を守ることと合わせて一人ひとりの命や健康が守られる地域をつくっていくこと、それが自治体で働く保健師の役割かなと思っています。実際の仕事は「何でも屋」で、保健指導だけでなくて、ケアや家計相談、家のごみの片づけや受診に付き添ったり、みなさんと話し合いをしたり、

地域の健康問題を考えたりします。私たちは公衆衛生看護師 Public health nurse といわれますが、公衆衛生とは、公がすべての国民の生命を衛《まも》るということです。そのための環境を整えることです。それは平和や環境を守ることや教育を受けられな

い人たちへの支援、虐待や介護、労働など生きること全てに関わる仕事です。

岡庭　役場の職員になろうと思ったのは中学・高校の頃からですね。私の家はいわゆる五反百姓で、そのうえ、親父が戦争で亡くなりましたから、大変苦しい生活をしていました。そうした状況でしたが無理して高校へ通いました。漠然と社会のあり方に疑問を持っており、何とかこうした不平等はなおらないものかと思っておりました。村の政治についてもそうした観点で関心があり、漠然と村に関わる仕事がしたいと考えていたのです。近くに役場に勤めている人もいたということも大きかったと思います。就職試験を受けましたが、当時は、合併した直後で職員が多くなり特に男の職員の採用は控えていた時でした。臨時職員として使われていましたが、三六災害が起きて男性の職員が必要になったことで正規職員になりました。

一九六一年の三月に高校を卒業したのですが、高校時代はちょうど六〇年安保闘争のころで、いやがうえにも政治に関心を持たざるを得ない状況でした。自然と社会変革の意識を持つようになっていました。役場には職員組合が組織されており、青年部の活動が活発に行われていました。また、卒業すると同時に、村の青年団や4Hクラブに誘われて入っていました。ちょうど六月ごろ郵便局の労働組合（全逓）青年部の呼びかけで「政治的暴力行為防止法」反対のための「青年の集い」が開かれ、役場の青年部や青年団も参加しました。前年の安保闘争の村における共闘の再現でこの活動に積極的に参加することになり、これがきっかけで「阿智村青年連絡協議会」がつくられ、私は事務局長になったのです。翌年の二月には、青年が

抱える問題を話し合う「第三回青年の集い」を八〇人の参加者で開催しました。こうした活動の中で、公民館を意識するようになり、教育委員会に異動したのをきっかけに、「自称公民館主事」の仕事が始まったのです。ここで「下伊那テーゼ」作成に出会ったことが私の役場職員人生に大きな影響をもたらしたのです。

山本　私が保健師になろうと思ったのは、看護学生の時に行ったハンセン病の療養所実習がきっかけです。人権を無視した国策でこれほどの悲惨な出来事があったことを私はそれまで知りませんでした。ある療養者から望郷の丘という、変形した手で一握りずつ土を運んでつくった丘の話を聞きました。そこに登って塀の向こうの家族が暮らす世界を見るというのです。「二度とこんな悲劇が起こらない社会をつくってね」と言われ、地域で働こうって強く思いました。それと、精神病院の閉鎖病棟の実習で、一日一本の煙草をもらうだけが唯一の楽しみという患者さんの人生を聞いて、やっぱり世の中変えなきゃ、病院じゃなくて、地域で働く看護職になろうと思ったのが、保健師になるきっかけでした。

阿智村に来た理由は、保健師らしい仕事を追求してみたかった。社会教育・生涯学習研究所の調査で阿智村を知って、この村で定年までの一〇年間、保健師の仕事をして自分を試してみたいと思いました。人口一万人というのが適正規模の自治体で住民の顔が見えると言われていますけれど、私はここにきてわかりました。職員が住民の顔が見えるだけではだめで、住民にも職員の顔が見える、お互いに見えることが大事なんだと。

櫻井　自分は地域のことをやりたいと思ったのは中学の時で、清内路村で問題がいろいろ起きていた時期でした。大人たちに任しておけない、このままで自分たちの未来がよくなるとは思えない、大学を選ぶときにも何か地域のことを学べるところを紹介してもらって大学に行きました。戻った時にはすでに合併していました。地域の活動で一番は祭りで昔からやりたいと思っていました。祭りでは二〇代から六〇代の広い世代で、地域のいろんな話を聞く機会があって面白いです。いま青年会とかいろんな活動をするなかで地域を知ることもできるし、地域の人に知ってもらうこともできるのでいいなあと思っています。振興協議会だとか地域の人と地域のことについて話す、夢を語れる場があって、楽しいなと思います。

職場で抱える葛藤

櫻井　地域のなかで語っていることが役場でできているかというと、なかなか難しいと感じています。いろんなことが見える職場なんですが、それぞれにギャップを感じてしまうんです。

地域のなかで頑張っている住民がいる。住民の方がいろんなことを知っているし、生活のなかでいろんな話し合いをして気づいていくものがある。地域の人とつながって地域について正直な話ができる関係は仕事とは切り離しています。仕事に地域の話をどう持ってきたらいいかまだ分からない。そこは葛藤ですかね。

山本　社会保障制度がどんどん改悪されるなか、住民の健康や暮らしを守るために現

場では多くの矛盾を抱えます。国が決めたことはやっていかなければならない。そのなかでも、いろんな制度を活かして住民の不利益を最小限にくいとめていくことに一番苦労しています。悪くなる一方なので、自分自身が力をつけていかなければって思っているところです。

健康づくりは、じっくりと地域の人と学習を深めていきながら、住民の意識が変わっていくもの。国は医療費を下げることを目的に効率を求めてきます。病気になるのはその人の努力だけじゃなくて、その人の置かれている労働環境だとか生活環境、社会環境、貧富の差とか経済力とかいろんな要素があるわけで、その人の健康を守るためには多くのことを変えていかなければ守れない。それを自己責任に押し込めていくいまのやり方とたたかいながらやっていくことに葛藤を抱えています。

労働組合運動と職場の自治研

岡庭　一九六〇年代後半はベトナム戦争のころですから、平和への関心が高く、青年運動イコール平和運動になっていた。労働組合運動も春闘を中心に賃金闘争が盛んに闘われ始めており、公務員組合もストライキをかけての闘いをはじめた。人事院勧告も完全実施される前で、役場の職員の賃金は郵便局の職員より低く、賃金引き上げの闘いをしっかり行いました。そうしたなかで自治労に加入し、一九六五年には自治労が一〇月二二日に半日休暇闘争いわゆるストライキを提起してきたのです。組合内では、これをめぐって毎日参加すべきか協議を続けたのですが、この時は結局中止ということになった。続く六六年にもストライキ戦術がとられ、我々としては初めて半日ストライキを闘った。法律で禁じられているようなことはやるべきではない、処分が出されたらどうする等、この闘いのなかで、年配の組合員とわれわれ若い組合員との間でさまざまな議論がたたかわれました。そこでは、村民の理解を得られないのではないかというのが反対の大きな理由であったのです。

村民の理解を得られるためには、村民の暮らしを良くしていくような仕事を行っていくことが大切であるということで、自治研活動を合わせて行っていくことになったのです。自治研活動は、自治体労働者の立場で、職場を点検し住民とともに役場の仕事を住民の手に取り戻していく活動で、時には、労働組合として行政の進めるものに対して反対とか修正を求めるという自分の行っている業務に反することもやらざるを得ない運動でもあるのです。山本さんが言われた、国の医療費削減の問題についても、役場の業務としては国の方針に従わざるを得ないのですが、これを跳ね返して真に住民の命を守る業務に変えていく、こうした国のあり方を変えていくことこそ自治研活動であると思います。問題は、労働組合として、住民の暮らしや命をどう守っていくかという方針を持つことが大切だということです。

私も管理職になるまで、ずーっと村の組合の委員長や書記長、執行委員等をやりました。この間、その時々の地域での問題をテーマに自治研集会を行ってきました。

特に印象に残っているのは、昼神温泉の開発と環境保全の自治研です。急激に発展してきた昼神温泉は、集落の中に旅館が点在する温泉地になっていました。特に、風俗営業と暴力団の問題は、経営至上主義の温泉経営に対して、地域の住民の環境と健全な温泉地をどう守っていくかが係った問題でした。自治研集会で先進地の事例を聞く等住民と共に検討して、「風俗営業規制の条例」制定の元をつくったことが忘れられません。

櫻井　その自治研って知らないです。地域をよくしたいってみんな思っているんですよ。地域のなかで話すときは思ったままにできるけど、役場に入ってくるとそうじゃなくてただ仕事をこなしているだけ、いま何に向かっているのかよくわからない。話したり考えたりする場が必要なんだろうなと思うんです。前の職場が公民館だったからよけいに。公民館にいるときは自然と学ぶことを、自分らで仕掛けて学習会をやっていたと思います。いろんな学習会に参加できて、いろんな情報が入ってきていましたけど、いまはなかなか情報が入ってこない。じゃあどうしたらいいんだ、という話ができないんですよね。学ぶとか、誰かと話をするというところがなかなかできないんで、どうしたいのかなって思っています。

岡庭　職場自治研が大事で、民生課だったら民生課のなかで課題になっていることは何なのか、本質的な勉強をして、それを全体的な阿智村の課題としてどうするかということが大事であって、いまは自治研を忘れている。今、職員は賃金に対する要求が満足されているのかな。かつて賃金闘争を徹底的にやるためには住民の理解が必要で、そのためにも住民共闘とか革新共闘とかに役場の労働組合は積極的に参加していった。

山本　所沢で働いていた時には、住民と一緒に署名活動したり、学習会をしたりやっていましたね。一番印象に残っているのは、保育園の給食を委託させないために、直営の給食がどんなにいいものか調査して分析してまとめて当局と交渉するために、保育士、調理員だけでなく、父母たちとアンケートをしたりしましたが、それが自治研ですね。自分たちの職場を守ることが、子どもたちの命や健康を守ることにつながっていくということを、運動を通して実感しました。自分たちの仕事の価値が輝いて感じられると自分たちの仕事に対する意欲も違ってくるし、もっといい仕事をしようというエネルギーになっていく。

職場で一人では闘えない、困った時には組合に行って相談すれば、みんなで学習会をやろうよということになる。阿智村では、困った時に行くところがないのはつらい。組合はあるけど。

櫻井　組合もそうだし、職場の雰囲気が一人仕事になっている。仕事が分担されてそれだけやればいい、分担されたもの以外はできない、だから話し合わない。公民館の仕事をやっていた時に、主と副に担当を割り振られたけど、相談し合ってやるのが普通だし、わからなければやってもらえたが、そういう環境が職場にない。

話し合い、学び合う労働組合をつくろう

岡庭　住民からの要望を待ってやるのではなく、住民の潜在的要求にどうこたえていくかが大事。もともと自治体労働者は、住民の潜在的要求を鏡のように顕在化させる役割をもっています。社会を変革する原動力になっていかなければならない。住民はもともとそんなに要求しない人たちだから、村会議員も役場の管理職も住民に要求がないからやる必要がないじゃないかといっていて何もやら

ないことが多い。だけど住民の潜在要求を顕在化して一緒に実現していこうじゃないかということが、地域を活性化したり、運動を展開したりしていくことになる。個人で権力に対峙していくのは攻撃を受けるので、労働組合が組合のもつ革新性のなかで労働者同士が助け合って発展させていくことが大切なことだ。阿智村職員組合の運動方針に「住民の幸せなくしてわれわれの幸せはない」と書いてあるはずだ。

櫻井　労働組合は学べるところ。労働組合は偏っているとみられるが、青年部の学習会は、職員同士で話せるところ。これだという答えは見つからないが、探しながら学びながらやっていくほかはないと思う。社会教育は大事だ。

山本　職場で話し合いができるようにしなければいけない。民主的な職場にならなければ地域は民主的にならない。まず話し合いだよね、地域も職場も。

岡庭　せっかく労働組合があるんだから　労働組合として、九割遊んでも一割勉強しよう、職場での話し合いは労働組合で月一回はやったらどうでしょうか。みんなが話し合うことによって、労働組合をしっかりするしかないと思う。

自治の担い手が育つ公民館

二〇一七年四月から長野市で県教委事務局の一員として県内社会教育の振興を担当することとなり、県内各地の現場を訪れる機会ができた。広い意味での社会教育実践という視点から見ると、県内各地で素晴らしい取り組みに出会うことが多いが、そういう実践と公民館のつながりから見ると、飯田・下伊那の公民館は県内でも特別の存在である。

それは飯田・下伊那の公民館が、自治公民館や公立公民館の専門委員会制度に支えられて、今も地域住民に身近な教育文化機関としての役割を果たしていることが背景にある。そういう活動が入口となり、自治の担い手としての住民が育つことで、多彩な社会教育実践や地域づくりに関わる人々と公民館が多層的につながっているととらえている。

阿智村伍和地区にある「ごか食堂」は、地区に住まう女性たちが中心となって立ち上げた食堂で、地元の食材を使った食堂営業の他、配食サービスや、仕出し弁当の配達などを行っている。二〇一二年二月に開催した飯田市公民館大会の発表者として参加してくれた伍和公民館長の井原岩江さんは、伍和地区の公民館と自治会が共同開催した「新春放談会」での発言がきっかけとなって始まった取り組みであると紹介してくれた。こういう地域づくりの活動と公民館が自然に結びつくのがこの地域の特徴ととらえている。

協働プロセスで学ぶ公民館主事

飯田下伊那の公民館主事たちは、地域住民とともに諸事業に取り組むプロセスのなかで学び育っている。しかしかつてに比べると、特に町村公民館主事会が学びあいの場として機能していない。また飯田市と町村の主事同士の交流も年一度で、しかもその交流内容が学習的な要素が大変弱く、住民主体の活動を支える公民館主事たちの力量形成が課題ととらえていた。

そんななか二〇一四年一二月、阿智村公民館主事の大石真紀子さんと櫻井拓巳さんが飯田市公民館を訪れ、二〇一五年に五〇年目を迎える下伊那テーゼを記念した学習会とフォーラムを行いたいと提案してくれた。このことがきっかけとなり、飯田・下伊那の公民館主事有志で二回の学習会を重ね、二〇一五年一〇月一五日に阿智村公民館で「下伊那テーゼ五〇周年記念フォーラム」を開催した。事前学習会では何人かの公民館主事が、下伊那テーゼと現在の公民館事業をつなげる報告をしてくれたが、このなかで、村の社会教育研究集会における、リニア問題をテーマとするに至るプロセスでの、阿智村の公民館主事たちの葛藤は、公民館の中立性に迫る優れた実践としてとらえた。これら一連の関わりのなかで、阿智村公民館主事たちが住民との協働のプロセスのなかで学び育っていることを実感した。

村民劇とそれを支える公民館主事

二〇一七年七月県内教育事務所の生涯学習担当課長の研修会を阿智村で開催した折、テーマを「満蒙開拓」とし、満蒙開拓平和記念館の視察と、満蒙開拓をテーマとした村民劇の取り組みについての話を聞いた。そして研修会後にSBCテレビ特集「あなたのいない村~満蒙開拓を語り継ぐ」を視聴した。

長野県は戦前、日本で一番多くの満蒙開拓団を輩出している。特に飯田下伊那地域からは大勢の開拓団を送り出し、半分の方が現地で亡くなられたり取り残され、そのことにより残留孤児・婦人問題やその方たちの日本への帰国二世・三世の方たちの定着など今なおたくさんの課題を地域に残している。そういう記憶を風化させないために、市民団体や有志の思いを阿智村が受け止めて建設されたのが満蒙開拓平和記念館である。記念館は、満蒙開拓の歴史・資料の記録・保存・展示・研究に基づいて後世に正しく歴史を伝えることや、満蒙開拓語り継ぎ活動の拠点、残留邦人の交流の場としての役割を担っている。

SBCテレビの特集は、残留孤児としての体験を現代に語り継ぐ活動に取り組んできた故野中章さんの人生を中心に、野中さんの体験を次世代につなぐ村民劇づくりに関わった公民館主事の大石さん、劇作家の胡桃澤伸さんを中心に構成されていた。

村民劇は、阿智村地域おこし協力隊員で舞台女優でもある二川舞香さんの発案を、大石さんら公民館職員が受け止めて事業化したものであり、出演者だけでなく脚本や演出、音楽・音響、照明などほとんどが村民の力で作られたもので、小学生が中心となって演じられた「たんぽぽの花」、大人たちによる「三つの責任」とあち朗読の会による朗読劇が作成された。

　小学生たちが出演した「たんぽぽの花」は、残留孤児であった野中さんの阿智への帰郷後の生き方を題材にしたものである。二川さんは演劇には、自分たちが直接経験したことのない事柄を疑似体験することのできる力があるといい、「たんぽぽの花」を演じた子どもたちにとっては、満蒙開拓の歴史や、残留孤児として村に帰郷し必死で生きた野中さんの思いを自分のものとする、またとない学びの機会となったようである。

　一九四八年三月、竜丘村公民館（現飯田市竜丘公民館）発足を記念して創刊された館報『たつおか』で、初代公民館教養部主事の橋本玄進さんは、「公民館は観客のいない芝居である」と述べている。この言葉には、公民館における学びの主体は住民自身であるという意味が込められており、この村民劇はまさにこの言葉を体現した事業ととらえることができる。

　この事業は住民が中心となった村民劇プロジェクトによって企画運営されたが、公民館が全面的に支えることで実現できたものである。こういう学びの実現を支える公民館職員の役割は大きい。ＳＢＣ特集では村民劇を創作するための材料として、満蒙開拓当時の諸資料をひも解く大石さんの姿が紹介されていたが、学びの主体である村民の活動を支える公民館主事の大事な仕事ぶりがここにある。

　余談であるが、大石さんは、資料を読み解く中で、国策として進められた満蒙開拓に対して、村役場の職員はその最前線で村民の派遣を推進する役割を担っていたことを知った。「もし自分がこういう役割を与えられたとき、どのような態度をとることができるのかを悩みました」と発言している。安保法制など、平和が脅かされようとしている現代の状況と、満蒙開拓に関わる自身の学びを重ねたこの言葉は重い。

（木下巨一）

第4章
自治をつくる学びと協働

阿智村社会教育研究集会全体会

第4章−1　住民主体の村をつくる

1　第五次総合計画と住民主体の村政

阿智村と下伊那テーゼ

阿智村の前村長である岡庭一雄氏は、一九六一年に阿智村役場に就職。翌年に教育委員会社会教育係に配属され、公民館の仕事を通じて下伊那公民館主事会（以下「主事会」という）に関わるようになる。岡庭氏は主事会で学び、農村問題や婦人問題の学習などに取り組み、当時の主事会でまとめた「公民館主事の性格と役割」（「下伊那テーゼ」一九六五年）は、その後自治体職員としての岡庭氏の原点になった。

岡庭氏はのちに村長として村議会で、「この考え（下伊那テーゼ）を創造的に実践してきたのが阿智村公民館の取り組みであり、それを発展させてきた住民の実践であります。この考えを発展させて、公民館を『阿智村』に、民主的な社会教育を『民主的な地方自治』に、主事を『職員』に置き換えて進めているのが、阿智村における村づくり」であると述べている。

また岡庭氏は、主事会のメンバーがそれぞれ町村職員組合の青年部に属していたこともあり、労働組合運動にも積極的に取り組んだ。阿智村の組合三役は一年交代が慣例になっていたが、岡庭氏は一九七〇年から三期、書記長を務めている。

阿智村職員組合青年部は、自治講座や職場自治研にも取り組み、話し合える職場づくりを進めていた。また、青年部が村の青年サークル連絡協議会の事務局を担当し、地域青年と連帯を深め、話し合いや文化・スポーツ活動をすすめていた。

岡庭氏はその後、役場で商工観光課長、建設課長、環境水道課長を経て、一九九七年一二月に退職し、翌年一月の村長選挙に出馬した。推薦母体には労働組合の仲間や青年団、婦人会の人たちがいた。現職有利の情勢であったが、岡庭氏は見事当選を果たし、以後無投票で四期一六年間、阿智村長を務めた。

岡庭一雄の住民自治論

第四九回社会教育研究全国集会が阿智村で開催されたのは、二〇〇九年八月。この集会での印象は、公民館のロビーに日本国憲法前文の大きな書が展示されていたことと、村議のみなさんが要所要所に交通案内として朝から立たれていたこと。それは、阿智村を象徴する出来事でもあった。

集会後の九月に社会教育学会のシンポジウムが東京であり、私はその時初めて岡庭氏にお会いした。その夜、私たち社会教育・生涯学習研究所の前所長であった島田修一氏と岡庭氏と私と三人で懇談し、村づくりの後継者に悩む岡庭氏の意を受け、後に二年三ヵ月に及ぶ阿智村調査となった。それは二〇一〇年八月、第三期岡庭村政の三年目である。

住民主体の村づくりをすすめる岡庭氏の考え方の基本にはいくつかの特徴がある。それは岡庭氏がすすめてきた運動や実践に裏打ちされた理論であり、阿智村を理解する手がかりにもなろう。

阿智村調査の初日、岡庭氏は「多数決の政治は住民を幸せにしない」と話されたことが印象深い。自治と政治とは違うものであり、政治は賛成反対を多数決で決めるが、村では話し合いによって一致点を見出すことで、反対の人も含めすべての人が地域づくりに参加できるようにすすめる。それが自治であるというのである。岡庭氏はしばしばハーバート・ノーマンの言葉を引用し、「自治」は「自主政治」（self-government の訳語）であるとし、自治をすすめるには時間と忍耐が必要であり、自由な話し合いと高度な人間性が求められるという。

阿智村政のすすめ方の基本に「話し合い」がある。村政懇談会で住民が村の方向を話し合うこと、議会では徹底した論議で全会一致をめざすことなどが実際に行なわれている。多数決ではなく、話し合いですすめるという岡庭氏の考え方、これが第一の特徴である。

第二に、岡庭氏は「住民と行政は対等ではない」というのである。全国的に「自治基本条例」の制定が広がっているが、阿智村では作らない。その理由は明快だ。多くの自治体の自治基本条例には、行政と住民とが対等な関係で協働する、と書かれているが、それは少しも民主的ではないと切り捨てる。そもそも、行政は住民から委託されて公務を担っているに過ぎない。ならば、住民こそ主人公であり、行政職員は公僕でしかない。住民の活動、住民自治を行政が後押しすることにこそ、真の協働があると断ずる。しかも徹底した情報公開があれば、自治基本条例はいらないという。そして住民自治を後押しするために、阿智村では協働活動推進課が設置されている。

第三に、岡庭氏は「社会教育は地域づくりの原動力である」という。前述のように「下伊那テーゼ」の創造的実践として村づくりを考えていて、まさに社会教育の村づくりともいえよう。村の課題を持ち寄って話し合い共有する、阿智村の社会教育研究集会は二〇一七年に五〇回を重ねた。阿智村では、自由に議論ができる場、公論の場として公民館が位置づいている。世論を二分するような問題があれば、賛成反対を問わず住民が学習することを保障する行政の立場を堅持している。

住民主体をめざす第五次総合計画

二〇〇八年四月に第五次総合計画（以後「五次総」）が出発する。第三期岡庭村長の二年目であり、岡庭氏が構想する自治体のあり方が明確に打ち出された。

五次総の「はじめに」に、住民主体の村づくりにおける、村と議会と住民の役割について述べられている。「行政は、行政情報のすべてにわたって情報の公開（説明を含む）を行うとともに、住民の学習、実践を支援し、住民に判断を委ねる。議会は、審議を通じて住民判断を手助けすると同時に決定の責任を負う。住民は、自分の地域や暮らしの主体者として、企画し、発言し実践する」取り組みであるとした。このような住民主体の行政に変わるきっかけは、後述する廃棄物処分場建設問題の経験にあったようだ。

阿智村がどのように住民主体の行政であるかは、第3章で岡庭氏が詳しく論述しているが、特に重要なのは予算編成への住民参画であろう。多くの自治体では、予算案が三月議会で議決されるまで住民に知らされることはない。しかし阿智村は、九月、一〇月に村内八地区で村政懇談会を開き、来年度予算の要望を受けとめる。そして、三月議会の前にもう一度村政懇談会を開いて予算案の話し合いをもつ。このように予算案が議会前に公開され、住民が話し合うことになる。しかも、予算案が議決され、四月に各地区において議会主催で予算の説明会を開催する。さらに、村は『事業等計画書』という事業ごとに予算を明記した冊子を希望する村民に配布する。

いつでも村の予算は公開されている。ここに徹底した情報公開と話し合いを貫き、住民を信頼する行政の姿勢が感じられる。ノーマンがいうように、自治をすすめる自由な話し合いを保障するためには必要な時間と忍耐を行政は惜しんではならない。

五次総と全村博物館構想

五次総にある村づくりの基本理念は「住民一人ひとりの人生の質を高められる、持続可能な村づくり」であった。これは四次総を引き継いだものであるが、住民それぞれがこの村で生きていく自信と誇りを持つことが、村を維持させる力になる。そのためには人生の質を高めるような学びが求められる。

この理念を総括的に具現化したのが「全村博物館構想」であろう。古代東山道は近江の瀬田を起点に東北の多賀城まで続くが、神坂峠を越えた智里西地区の「園原」は源氏物語にも登場する歴史ある地域である。東山道の研究と史跡保存や活用を目的に、NPO法人東山道神坂総合研究所が設立されたのは二〇〇三年。設立総会時の講演「地域ぐるみの博物館が阿智村の未来を開く」（石森秀三氏・国立民族学博物館）を聞いて、「村のすべてが保存すべき、また学ぶべき、あるいは活用すべき文化財であるとする概念、それを担うものは村民自らであるという考え方は、阿智村が進めている村づくりの基本と完ぺきに一致する」。そしてその発想は「全村博物館構想」につながった。全村博物館構想策定委員会が発足し、調査研究を続け、構想推進の提言書が二〇〇六年に作成された。これを受けて五次総には構想が目指す将来像として「村全体が学習共同体となり、学習をつうじて、歴史・自然・文化・教育・産業・福祉を持続的に維持・発展していく地域社会を実現します」と記された。

全村博物館構想の入り口としてビジターセンター「は、き木館」が設置される。ここでは定期的に企画展が開催されている。また歴史・自然・文化・政治など阿智のすべてを研究する「阿智学会」が発足（二〇一〇年）。さらに、「中馬ぬくもり街道ひな祭り」「花桃まつり」「木槌薬師の里帰り」「栗矢の無礼講」「清内路の伝統花火」などの活動は定例で取り組まれている。また一九九六年に「農村記録写真の村」宣言を行い、熊谷元一氏の写真の保存と活用、さらに農村記録写真の普及に取り組んでいる。全国公募の熊谷元一写真コンクールは二〇一七年に第二〇回を迎えた。熊谷元一童画写真保存会を中心に「農村記録写真研究所」の構想も検討されている。

このように、自分が住む地域の価値を、他者との交流によって自覚し高めていくことで、主体的に生きる力を高め、地域づくりをすすめていく。これが全村博物館構想のねらいであり、ここに持続可能な村づくりの力の源泉がある。

2　協同で地域をつくる智里西地区

住民総決起のインターチェンジ設置運動

阿智村で最も過疎化が進んでいる智里西地区（以下「西地区」）の人口は二〇一五年現在で三一四人である。一九五六年に阿智村が誕生した時には、西地区は一一二八人あったことを考えれば、深刻な人口減少地区である。しかし、二〇一五年現在の村の将来人口推計の結果を見ると、西地区は二〇一〇年から五年間でIターンが二一人あったことから、三〇年後に現在人口の維持は可能であるようだ。これは西地区住民によるこれまでのたゆまぬ地域づくりの成果と考えられるだろう。

西地区の地域づくり運動は「園原インターチェンジ」（以下「園原IC」）設置運動に始まる。詳しくは、第1章で熊谷時雄氏が述べている。園原ICは「ハーフIC」で、名古屋方面にしか対応していない。東京方面からの出入り口がない。なぜこのように不便なICをつくったのか不思議に思っていたが、それは、過疎地の再生を願う西地区住民の切実な要求運動の足跡でもあった。一致団結した西地区住民が国を動かし、悲願達成のICである。

一九七七年、中央道建設工事に伴う恵那山トンネルの貫通式に合わせ、園原ＩＣ設置を求めて住民三〇〇人が要求貫徹集会を開いた。陳情書の受け取りを拒否した公団に対し、式に出席した建設大臣を待ち構えて直接陳情書を手渡すという行動に出るが、まさに現代の〝直訴〟であろうか。当時の西地区の人口は五〇〇人であり、子どもを含めて六割の参加で住民決起集会が行なわれたことになる。

設置促進運動は西地区の壮年団が核になり、国、県に陳情し、ＩＣ期成同盟会さらにＩＣ設置促進協議会を設立し運動の広がりを大きくした。また、要求実現のためには、トンネル工事の土捨て拒否などの激しい闘争も行われた。

こうした交渉経過のなかで一九八六年に園原ＩＣの設置が決定される。が、西地区住民の運動はここで終わらなかった。

西地区社会教育研究集会と開発協同組合づくり

一九八六年に西地区の第四回社会教育研究集会が開催され、観光と地域づくりについて話し合われた。さらに第六回のテーマは「園原の里開発」、そこでは西地区全域を「園原の里」と名づけ、観光を中心とした地域開発に取り組むことを決めた。

そして園原ＩＣの設置の見通しが立つと、運動の中心であった「中央道智里西地区対策委員会」は「園原ＩＣ建設推進委員会」と改称して運動を進めてきたが、ＩＣ設置決定後は「園原の里村おこし委員会」（以下「村おこし委員会」）と改称する。村おこし委員会はコンサルタントを依頼し西地区開発計画づくりに取り組む。村の一つの小さな地区が自分たちで開発計画をつくったことになる。

一方村ではインター設置を控えて昼神温泉も含めた観光開発をすすめるために第三セクター「阿智総合開発株式会社」（以後「第三セクター」）を設立した。

第三セクターは、スキー場、リフト、ゴルフ場等の拠点開発を行うが、周辺の地域開発については西地区の村おこし委員会が取り組む。「園原の里」開発構想は、地域の史跡、伝説、自然環境を守り生かして、地元住民が主人公となってすすめることを基本にしている。村おこし委員会は、開発事業への住民参加意向アンケート調査を実施し、六つの事業部を設けた。①農産物加工販売、②飲食・食堂、③宿泊、④お土産、⑤レジャー、⑥総合開発、である。さらに、これらの事業に地区住民が参加する方法として、①経営資金を調達し直接事業経営を行う、②資金を出して事業に参加する、③事業に従業員として参加する、④事業に直接参加しないが原料を出荷したりしたい、という四つの選択肢を地区住民に提起した。アンケートの結果は、回答者九九人のうち六七人が何らかの事業に参加してみたいと答えている。そしてこれらの事業を行う事業主体を協同組合ではなく、地区住民一人ひとりが一株以上の株主となって経済活動を自由に行なえる〝住民会社〟を設立すると説明している。観光開発事業をすすめるにあたって西地区住民が六つの事業を分担し、協同で会社を設立するというものであった。

そして、西地区全体の開発計画に、県や村等の補助金を受けるため、さらには第三セクターの窓口となるための「組織」を西地区全住民の出資で設立しようと考えた。これが一九八九年に設置の「智里西地区開発協同組合」（以下「開発協同組合」）である。開発協同組合の大きな役割は「開発に対する必要な土地の管理」と「国県村の補助金を受けて行う事業の受け皿」にある。それは西地区で土地を一括管理し、地区外資本の参入を防ぎ、まさに住民協同の地域開発をめざすものであった。この時の地区人口は四五〇人、一口五〇〇〇円の出資金は一〇三人の組合員で四七五口・二三七万五〇〇〇円の出資金が半年で集まり、開発協同組合が設立されたのであった。

リフレッシュふるさと推進モデル事業とその後

「園原の里」構想には多額の経費を必要とした。国と県の補助だけでなく、村の計画にも盛り込んでもらえるよう村おこし委員会と区長連名で村に陳情を行っている。

これに対し村では、西地区の振興をはかるために国の補助事業である「リフレッシュふるさと推進モデル事業」に取り組んだ。具体的には、阿智村が事業主体として国庫補助金と過疎債を組み合わせて、西地区に山川体験館、宿泊交流施設、万葉ふれあい館、テニスコートなどの施設整備を行うことであった。そして開発協同組合が村からこれら施設の管理委託を受け、それぞれの施設を各住民会社が運営することになった。

しかし、村議会は村の財政的負担を認めず、実施するためには過疎債の村負担分を西地区に求めたのであった。西地区では全体会議を開いて話し合い、これを承諾した。

「高い家賃だけども、われわれは拳骨でこの地域づくりをしようとは思っていない。だから地区の開発計画についても、自分たちでお金も出し、村にも応援してもらう姿勢でやってきている」と。

これらの施設は一九九〇年に「地域活性化施設」として設置条例がつくられ、二〇〇七年には指定管理契約が結ばれた。こうした西地区住民による地域の観光開発の努力により、今では日本一の星空ナイトツアーなどもあって、園原の里へは現在、年間四〇万人近くの観光客が訪れている。

しかし、二〇一七年三月議会でこれらの施設が「営業利益が出るもの」「村の施設ではなく地元の施設」であるとして、指定管理契約が切れると同時に条例を廃止した。そして施設の地元への払い下げ若しくは普通財産として賃貸借契約することを西地区に求めたのである。これには施設を運営する側は納得いかなかった。

なぜ村は指定管理契約を継続しなかったのか。これまで地域開発をすすめてきた西地区住民の地域づくり運動について、西地区住民と新しい体制になった村・議会との間にはかなり温度差があった。しかし住民主体の村づくりにとって、このことは村政の根幹にかかわる大きな問題である。

二〇一七年五月、条例廃止に異議を唱える住民有志が「阿智村の自治と協働を考える会」を発足させ、議会に対し、「地域活性化施設の設置条例廃止」に関わる議決説明会を要請した。そこではこれまでの西地区住民の取り組みが説明されたものの、議論の発展は見られなかった。地区と地区の間にも地域づくりへの捉え方に違いがあるようだ。

住民主体の村づくりとは何か。村の役割は、個人の幸せや地域の発展のために取り組む住民の活動を援助することである。改めて「住民主体の村」が問い直されているともいえよう。

3　処分場建設計画をめぐる住民の対立と学習

廃棄物処分場建設計画と阿智村政

この問題は、一九九〇年に民間業者が伍和地区に産業廃棄物処分場（以下「処分場」）建設計画を持ち込んだことに始まり、二〇〇六年に同地区における県の処分場計画が中止になるまでの一六年にわたる村と住民との対立を抱えた村づくりの歴史でもあった。

岡庭一雄氏が村長になったのは、一九九八年二月である。岡庭氏は一九九四年に村の建設課長になり、そして一九九六年に環境水道課長になっている。岡庭氏はこの問題に、村の直接の担当者として関わり、さらに最高責任者である村長として二期八年間向き合ったことになる。岡庭村長がすすめた村政の「住民主体の村」構想は、この問題への関わりを抜きには考えられないであろう。

この問題の経過をもう少し詳しく見ると、一九九〇年頃に民間業者が持ち込んだ処分場建設計画は、地元地権者が賛成し、三分の二以上の地区住民の賛同も得られたが、周辺住民から反対の陳情書が出された。村議会選挙を挟んで何回か賛成、反対の陳情書が提出され、村議会でも特別委員会を設置し検討した結果、村議会は建設を認めない結果を出した。

ところが、県には第三セクターで長野県廃棄物処理事業団（以下「事業団」）を設立して処分場を県内四ヵ所に設置するという計画があった。そこで今度は事業団が伍和地区に処分場の計画を持ち込んだ。そして村は、村の処分場問題もあり、また、産業社会を形成していくためには「処分場問題は行政として避けて通れない課題である」として、受け入れるためのいくつかの条件を掲げて、取り組みをすすめた。

そして、村主催で住民説明会や学習会が開催されるが、村が事業団の環境アセスメント実施を受け入れたことに対し、住民からの反発は大きかった。そこで村では独自に社会環境アセスメントを実施することになる。社会環境アセスメント委員会（委員長　高杉晋吾）は反対の住民も参加できる組織であり、研究討議を深めて、県や事業者にとってかなり厳しい内容の報告書をまとめている。しかし、住民合意には至らず、反対派住民による立ち木トラスト運動に対し事業団が訴訟を起こすなど村を二分するような混迷を深めた。

そして村は議会に決定をゆだね、二〇〇〇年三月に議会が処分場の受け入れを決める。が、二〇〇六年、田中康夫知事の誕生と共に廃棄物処理施設政策は見直され、結局は阿智村への処分場建設が中止になった。

この長年にわたる確執で、住民と行政、議会のあり方が問われ鍛えられた。この経験が阿智村の自治の基盤を築いたと思われる。

社会環境アセスメント委員会の成果

事業団が行う環境アセスメントは自然環境についてであり、処分場が「地域の社会的・経済的状況」にどのような影響を及ぼすかについては検証されない。そこで村独自の検討機関として設置されたのが社会環境アセスメント委員会であった。その役割は、これからの廃棄物処理のあり方・公的関与のあり方・住民自治と自治体のあり方等を検証し、住民が処分場建設の是非を判断することにあった。委員会は一九九七年九月から一年半の間に一七回の会議を開き、一〇の評価項目で報告書を作成している。

岡庭氏は、この委員会活動を通じて「⑴廃棄物処分場の設置あるいは拒否は、住民自ら決める。⑵住民自ら判断するために必要な情報を提供する。⑶賛否いずれの立場からも委員に参加する。⑷委員会はすべて委員の自由な意見の表明の場とする」という「阿智村方式」の理念が生まれ、「阿智村に処分場ができてもできなくても、阿智村に民主主義の様々な仕組みが発展する」ことになったと述べている。

ここでいう「民主主義の仕組み」とは、今日の阿智村政の基本である「住民に判断を委ねる」「すべての情報公開を行う」行政のあり方を指しているが、こうした厳しい実践の裏づけがあったことを知っておきたい。

また、この経験は、今日のＪＲ東海のリニア中央新幹線工事に伴う発生土運搬問題にもつながる。発生土運搬に一日に九〇〇台の大型ダンプが通行すれば、周辺の住民の生活、観光業者にとって深刻な影響は避けられない。ＪＲ東海はこうした住民の不安や要望について何も応えていない。そこで、住民と地元観光業界と議会と村が一体となってＪＲ東海に対応できるように、社会環境アセスメント委員会を発足し二〇一六年に報告書が出されている。

住民の学びが自治の主体をつくる

村は処分場建設問題で住民の合意を得るために何度も住民説明会や学習会を開催した。これらの学習会は学びを継続し実践する住民グループを生み出している。例えば、村主催の廃棄物問題講演会をきっかけに住民グループ「廃棄物処理問題を考える研究会」や「阿智村の自然と文化を守る会」が発足している。これらの会は学習を継続し、処分場設置計画に対する要望書や公開質問状を村長に提出している。さらに婦人会や「伍和住民の会」などもそれぞれに廃棄物問題の学習会を開催している。

このように村は、処分場建設について村内が賛成派と反対派に二分されるなかで、村民の自由な学習を保障したのである。具体的には「1．住民間で自由な討論が高められるようにする。2．すべての情報の公開を行う。3．反対、賛成を問わず住民による学習会の経費（講師の謝礼や印刷費等）は公費負担とし公共施設の利用も保障する。4．判断の参考になる資料を提供する」ことであった。

そして、処分場建設の最終判断は村議会が行うこととし、このことから議会内での討論、学習が真剣に行なわれた。こうして村議会は二〇〇〇年に全会一致で処分場の受入基本調定書に調印している。

この住民の自由な学習活動の経験は、現在の「村づくり委員会」制度につながっている。住民の学習が自治の主体をつくる。憲法に規定された地方自治の理念は、村が国・県の政策に従属するのではなく、住民の自治による地方政治を求めている。阿智村はこれらの実践を土台に岡庭村長を誕生させ、住民主体の村づくりをめざしていった。

そして住民のさまざまな学習運動が活発に展開されるなかで、一九九六年一一月、婦人会を基盤に村に女性議員が誕生したことも見逃せない。

4　合併で自立をめざした清内路

村を応援する「やらまい改えまい懇談会」

清内路地区は人口が五七八人、高齢化率は四〇・六六％（二〇一七年一〇月一日現在）で、阿智村で最も高齢化が進んでいる。清内路村が阿智村に合併したのは二〇〇九年三月。しかし清内路村が阿智村に合併するまでのプロセスには大きな試練があった。

清内路村では、二〇〇三年度に農業集落排水事業への資金流用という行政の不祥事があって、財政再建団体の危機に陥り、二〇〇四年に村長が辞任した。

新しく選出された櫻井久江村長は阿智村政に学び、財政状況の徹底した情報公開と話し合いをすすめた。村民から役場、議会への厳しい批判を受けながら、住民懇談会を重ね、行財政改革をすすめた。予算規模約一〇億円の村で、二〇〇五年から二年間で二億円の収支を改善し、約一億円の繰り上げ償還を果たした。

こうした懸命な村の努力に対して、それを応援する村民が現れた。「やらまい改えまい懇談会」という村民の委員会である。やらまい改えまい懇談会は、村への提言だけでなく自分たちが村のために自主的に活動を始める組織でもあった。地域のために自分たちでできることは何か、村の危機に直面し最初に立ちあげたのが「一番清水の会」であった。これは阿智村から清内路に入る道端にある湧き水を整備管理する組織である。村外からも水汲みにやってくる人気の場所であった。その他に、「役場応援団」が結成され、簡易修繕などを行う「小破救助隊」や村の文書を配布する「こうほう支援隊」などが活動し始めた。

住民の自治意識が高まり、さらに財政の健全化の方向が確認されると、阿智村との合併協議が進行した。しかし、住民意識の高まりは、合併しなくてもまだやっていけるという青年を中心に合併反対の動きを生んだ。そこで議会、住民代表、村職員、公募住民（推進派、反対派）三〇人で「清内路村合併問題研究会」をつくり、九ヵ月で一〇回の議論を行い、「合併問題の結論の前に村づくりの論議を」という中間報告を行っている。最終的には住民投票を行い、八八％の賛成で合併することになったが、今でも清内路への熱い思いがさまざまな自主的で自律的な住民活動を生み出している。

地域をつくるのは自分たち

地域を自分たちでつくろうという意識の高まりは、清内路村がどん底にあった二〇〇五年頃に始まり、さまざまなグループが生まれた。現在でも一番清水の会の他に、桜のライトアップ&桜コンサート実行委員会（六〇人）、清内路あか根（一二人）、清内路郷土食の会（七人）、おらほの夢先案内人（五人）、おおまきの会（二五人）、消防協力クラブ（七四人）、清内路民泊「ぬくもりの会」（八人）、あかね焼酎委員会（六人）、コカリナをふきまい会（一二人）、清内路青年会（一五人）、清内路の家庭料理を味わう会（一五人）、清内路伝統野菜保存会（八人）、空き家を考える会（六人）、清内路薬草研究会（一〇人）、清内路花木邑（八人）、きかまい会（有志）、清内路こども会（地区全員）などがある。これらのグループに所属する住民の延べ人数は三一八人であり、地区人口の五五%にも達する。

清内路の魅力の一つに、二八〇年以上の伝統を受け継ぐ「秋季奉納煙火」がある。長野県の無形民俗文化財に指定されている。秋に三つの神社に奉納される花火は、火薬からの手作りの仕掛け花火であり圧巻である。上清内路煙火同志会と下清内路煙火有志会があり、それぞれの神社で行われる。2章で櫻井真紀さんが述べているが、煙火をやりたいがために清内路にIUターンする人もいて、若い人たちの活躍の場にもなっている。

合併後につくられた清内路の自治会は、年齢や性別に関係なく、子どもからお年寄りまで全員参加であり、役員構成は男五人、女四人という規定もある。そして日常の生活環境に取り組む「さわやか部会」、盆踊りや運動会、教育や福祉に取り組む「ぬくもり部会」、産業振興や地域外交流に取り組む「やらまい部会」の三つの部会がある。その活動はユニークで創造的である。二〇一〇年に清内路小学校の複式解消に向け、自治会に「子どもを増やそう育てようプロジェクト委員会」を立ち上げた。二〇代から四〇代までの在住者一四〇人、転出者一二八人へのアンケート調査やIUターンの呼びかけの活動とともに、「空き家を考える会」の熱心な活動もあって移住者を増やし小学校の複式を解消している。清内路の存続に「小学校、保育園の存続は絶対に必要」であることが住民の共通認識になっている。

清内路の協同と小さな自治

清内路では清内路地区とは呼ばない。清内路は清内路である。清内路がめざしたのは「持続可能な村」を実現している阿智村との「合併による地域の自立」にあった。住民が主役で豊かな地域づくり実践を続ける清内路。清内路村のホームページは現在も「清内路」として名称こそ「村」はついていないが、清内路村を引き継いでいる。

清内路の地域づくりを応援する高橋寛治氏（地域政策プランナー）は「山仕事や道普請、雪かきなどお金には換算できない『地域の仕事』と生活のため勤めや土木作業などの『稼ぎ』、この仕事と稼ぎを組み合わせた多様な暮らしが清内路の基本であった」という。「地域の仕事」とは「協同の仕事」といえるだろうか。

協同の意識は山村の「小さな自治」の基本になる。相手に思いが伝わりやすく、自由に誰かが何かをやりだすと、みんなが参加してくる。そして高橋氏はこの「自由」こそ小さな自治の条件ではないかと強調する。

清内路は上清内路と下清内路にわかれ、役場、学校、農協などは下清内路にあり、人口も面積も下清内路のほうが大きい。ところが、高橋氏の話は続く。下清内路の衆はまじめで、「何かやらにゃー」という人が多いのと対象的に「上清内路では自由な雰囲気があふれている。『おばあさんたちが一緒に食事をした。嫁さんたちが飲みに行く』女衆は自由だ。男は『長田屋』へ来て酒を飲んで気楽。夜になると集まって、今日は『ここ』、明日は『あそこ』とどこかへ寄りこんで飲んでいる。楽しみは酒を飲み、蜂を追うこと。山の中ならもっともなことだ」と。

清内路の活力は「小さな自治」と「自由」にあることはまちがいない。

（細山俊男）

5　自治組織づくりと村づくり委員会

阿智村では、村づくりの目標を「一人ひとりの人生の質を高められる持続可能な発展の村」（四次総）を基本理念として掲げ、地域住民一人ひとりが幸せを感じられる村づくりを推進してきた。このような村づくりをすすめていくしかけとして、阿智村では「村づくり委員会」という阿智村独自のしくみがつくられている。

この村づくり委員会とは「持続可能な発展の村づくりのために、村民が自発的に行う村づくりの事業」を主体的に行う自治組織に対して財政的支援を行う制度である。補助の対象経費は、報償費・旅費・消耗品費・燃料費・印刷製本費・使用料・賃借料・負担金などとなっており、村民の学習活動に関わる飲食以外のほぼすべてを保障する内容となっている。このしくみを活用して財政的支援を受けるためには、五人以上の阿智村民でグループを組織して（目的を同じくする村外者の参加に関しては認めている）、担当課である協働活動推進課に届出を出すこととなっている。このような住民の自治組織づくりを支援する村づくり委員会の運用については「二一世紀村づくり委員会事業支援金交付要綱」に定められており、一事業の申請につきおよそ一〇万円まで支援を受けられることになっている。そして村づくり委員会の予算として年間一〇〇万円の額が計上されており、現在、おおよそ七〇団体ほどがこの村づくり委員会に登録し、さまざまな村づくりの活動に取り組んでいる。

阿智村における村づくり委員会において特徴的な事柄として挙げられるのが、「阿智村民から補助の申請のあったものに対して補助をするかどうかを判断するような審査や調査を行うことは一切していない」ということである。阿智村民が自分たちの村のことを学習したり、調査をしたりすることを通して、自分たちの住む地域の課題とは何かをとらえ、課題解決に向けた活動に参画していくことに応えていくことが行政の役割として重要であると認識されている。また、阿智村では「地域住民が考えたことはすべて村づくりに必要なことであり、そのすべてに対して行政が支援をしていく」という姿勢を大事にしているという。このような村民主体の自治的な活動に対して、阿智村役場の職員もまた、村づくり委員会のメンバー（阿智村民）とともに学びあっており、村民からの要請に対して応えていこうとする姿勢で自らの仕事に取り組んでいる。このような住民と行政との信頼関係が、村づくり委員会の仕組みを活きたものにしている。

さらには、村づくり委員会が地域住民の意思を反映させた政策形成の重要な鍵となっている点も特徴的である。村づくり委員会で議論されてきた事柄を、グループ内にとどまらず広く全村的な課題として取り組んでいくために、毎年一回、阿智村民が地域課題を研究するための全村研修会として「社会教育研究集会」が開催されている。この社会教育研究集会での分科会において、村づくり委員会で練り上げてきた内容についても報告がなされ、そこではさまざまな人たちと議論が重ねられることになる。このような討議を経て、「阿智村全体で取り組むべき課題」として広く認められた事柄に関しては、阿智村における行政課題として受け止められ、行政によってこれまでの議論の経過を踏まえた政策形成がなされることになる。このようなプロセスを通して、阿智村ではボトムアップによる住民本位の政策形成を具現化しているのである。

そうした結果、阿智村では、村づくり委員会を活用することで、住民の必要に根ざしたさまざまな活動が豊かに展開している。村づくり委員会の仕組みを活用した自治組織から発展して生み出された社会資源の例として、「知的障害者授産施設夢のつばさ」「あち訪問看護ステーション」「農村レストランごか食堂」「阿智村立図書館」など複数の事例を挙げることができる。そのなかのいくつかの事例について簡単に紹介をしてみることにしたい。

例えば、「知的障害者授産施設夢のつばさ」(「阿智村多機能型事業所夢のつばさ」に名称変更)は、飯田下伊那地域に住む養護学校生の親たちが〝障害がどんなに重くとも、本人や家族が望めば、地域の中で安心して暮していくことを保障することができる施設が欲しい〟との願いの中から生み出された取り組みである。二〇〇一年、阿智村中央公民館の呼びかけによって「通所授産施設を考える会」が発足する。そして、この「通所授産施設を考える会」が村づくり委員会に登録されることによって、飯田下伊那地域における障害者施設設立に向けた活動が本格化することとなる。村議会に、「地域における障害者福祉の充実に関する請願書」が提出・採択されるほか、二〇〇二年一二月には「地域でともに暮らすために―下伊那西部地域に障害者の通所施設を―」と題したシンポジウムが開催されている。そのような障害者施設建設の機運が高まるなかで、二〇〇五年に「社会福祉法人夢のつばさ」が設立され、障害を区別せず多様な利用者を想定した障害者福祉施設の運営を多様に展開するようになっている。

国道一五三号駒場東交差点近くにある「あち訪問看護ステーション」の事例も、阿智村内の看護職らが集まってつくられた「訪問看護を考える会」(村づくり委員会の登録団体)による調査・研究活動を通して開設されたものである。「訪問看護を考える会」における学習活動が重ねられるなかで訪問看護の重要性が認識され、二〇一五年には、訪問看護ステーションの事業主体であるNPO法人「在宅医療支援の会　道」が発足。同年には「あち訪問看護ステーション」が開設されるに至った。この「あち訪問看護ステーション」は、下伊那西部地区における唯一の訪問看護ステーションであり、小児を含む訪問看護とともに、健康チェックなどでの介護予防、電話での相談業務等といった幅広い業務を担っている。このようにして村づくり委員会から生み出された訪問看護ステーションは在宅での療養をしている住民の健康を守る拠点として機能している。

これらのいずれの実践も、村づくり委員会に支えられた、「阿智村に必要なものは何か」という議論を深めあう住民自身の主体的な活動によって生み出されてきたものである。こうした事例をみてもわかるように、村づくり委員会は、阿智村の住民自治を支える重要な仕組みとして位置づくものであるといえるだろう。

（向井　健）

参考文献

・阿智村第五次総合計画『あちむら―「住民一人ひとりの人生の質を高められる、持続可能な村づくり」のために―』基本構想（平成二〇年度〜平成二九年度）
・『阿智村版「まち・ひと・しごと創生総合戦略」人口推計結果報告』二〇一六年
・阿智村定例議会村長あいさつ　長野県阿智村公式ウェブサイト、二〇〇九年九月　http://www.vill.achi.nagano.jp/soshiki/2/2009-06-216.html
・岡庭一雄「全村博物館構想と地域再生　長野県阿智村」神戸大学大学院人文学研究科地域連携センター年報『ＬＩＮＫ【地域・大学・文化】』Vol.2　神戸大学大学院人文学研究科地域連携センター、二〇一〇年
・岡庭一雄「長野県における廃棄物処理政策の変更と阿智村の廃棄物処分場計画への取り組みについて」『信州自治研』二〇〇五年一一月

・「資料　どん底から始まった村づくり―清内路村・ある職員のメモから―」岡庭一雄・岡田知弘編著『協働がひらく村の未来―観光と有機農業の里・阿智』自治体研究社、二〇〇七年
・清内路振興協議会　最終答申書「心の文化『邑』清内路」二〇一六年
・広報清内路「村政かわら版」二〇〇八年五月号外、清内路村役場
・櫻井佑介・櫻井拓巳・本柳寛人・櫻井真紀「清内路に生きる青年と社会教育」『第二七回現代生涯学習研究セミナー記録集』二〇一五年
・園原インター開通史編纂委員会『熱き闘いの記録　園原インター開通史』一九九六年
・『園原の里村おこし委員会便り』一九八九年一月二六日
・園原の里村おこし委員会「陳情書」渋谷秀逸、本谷・園原両区長　熊谷茂平、横川区長　林政志、一九八八年一二月一六日
・高坂詢「社会環境アセスメント（第一報）―提案理由と評価項目の決定過程―」飯田女子短期大学『紀要』第一五集、一九九八年
・高橋寛治「ありふれた日々のなかで―住む人が増えてゆく―20」『南信州新聞』二〇一六年一二月一六日
・智里西公民館長小林昭治「第6回智里西地区社会教育研究集会開催結果について」一九八八年四月一三日
・ハーバート・ノーマン「説得か暴力か―現代社会における自由な言論の問題」大窪愿二編訳『ハーバート・ノーマン全集』第四巻、岩波書店、一九七八年
・湯浅陽一『政策公共圏と負担の社会学―ごみ処理・債務・新幹線建設を素材として―』新評論、二〇〇五年

第4章－2　持続可能な地域づくりと子育て・学校・若者

1　人口問題と地域づくり

多くの農山村と同様に阿智村でも高齢化がすすみ、二〇一五年度の人口動態は、自然動態が五二人の減少、社会動態が四七人の減少となっている。したがって、第2章で紹介した智里東地区のように、高齢期にさしかかってきた人が高齢者を支え、農地を守るような新しい動きが重要になっている。仕事等のために地域への関心が薄かった人が、地域に目を向けるようになることが期待されている。

その一方で、子どもと若者、子育てと学校に注目して持続可能な地域づくりを考えることも必要である。阿智村全体の人口は今後も減少していくと現在は予測されているが、清内路のように、人口の増加が予測されている地区もある（最近の人口推移から、二〇一五年を一〇〇とした場合に、二〇四五年に一三八・二になると推計されている）。清内路には大きな雇用の場があるわけではない。しかし、移住を考えて村に来た人の思いを受けとめ、それが実現できそうな道筋を示すことで、人口を増やしてきた。また、阿智村で活動する「地域おこし協力隊」が、自分は何をやりたいのかを真剣に考え、それを実現するためにかなりの若者が阿智村に定着している。このように村外から来る人がいる状況のなかで、阿智村の子どもたちをどのように育てることが必要なのかということも考えられるようになってきた。

二〇一五年度の阿智村社会教育研究集会では、若者が登壇してシンポジウム「若者の視点から考える　阿智村のくらし、しごと、つながり」が行われた。そこで見えてきたことは、若者は仕事が用意されているから村で暮らすわけでもなければ、住宅や優遇制度があるから暮らすわけでもないということであった。「それぞれの人生行路の中で、独自の必然性に導かれてここにある」（田中夏子）のであり、その土台に人が大切にされる働き方やくらしがあるということである。

このようなことを念頭において、阿智村の子育て、平和、学校、若者、結婚に関する取り組みに注目し、そこから持続可能な地域づくりの方向性を示したい。

2　大人が学ぶ地域の豊かさと子育て

第2章で紹介した『あちたね』の編集は、親である自分たちが阿智村を好きになるために、地域の人に会いに行きたいとの思いから出発した。創刊号に掲載されている「子どもたちと一緒に歩き回って、阿智を五感で感じること」「いろんな人に会いに行き、お話しできるのが楽しみ」「もっと阿智を知りたい、好きな人や事や場所を増やしていきたい」「阿智にきて『よかった』を共有できたら」という編集メンバー（あちたねびと）の声はそのことをよく物語っている。このように、子どもだけを念頭におくのではなく、大人が学び地域との関係を豊かにすることで、子育ても楽しく充実するという考えが、阿智村には広がっている。

智里西地区で行われている「おきくのじどうかん（智里西公民館）」「おきくの出前じどうかん（は、き木館）」もそのような考えで運営されている。現在、阿智村には常設の児童館はない。しかし、既存の公共施設を活用するとともに、村立図書館、子育て支援室、智里西公民館学習文化部、第一小学校応援隊、子ども文庫、学童クラブ、『あちたね』、智里西振興協議会、などと連携して活動が行われている。「地域おこし協力隊」としてこの活動に取り組んでいる若者は、「住民一人ひとりの人生の質を高める村づくり」という理念に共感し、この村であれば、子どもと父母と祖父母と地域の人が「一つのクラス」になるような実践をつくることができるのではないかと考えている。

また、福島県伊達市の小中学生を招く「つながる福島Jr.ユースキャンプinあち」の開催にあたっては、「福島に学びつながる会」を立ち上げ、話し合いが重ねられた。二〇一四年は八月一日～五日に開催され、二〇人の運営スタッフ、四〇人のボランティア、七つの団体がかかわり、その他に三八人の住民と三一の団体から支援を得ている。自分たちのできる範囲で少しでも協力しようという人をまとめるためには、何のための活動なのかを共通に理解する必要があり、福島のことを忘れないため、福島とつながりつづけるために実施することが確認された。「福島で起きている事は決して他人事ではないと私達は思っています。そんな私達にできることは『つながり』を深めて、いつでも『つながる』。そんな支援なんだと今回終了してあらためて思いました」と実行委員会事務局長は活動をふり返っている。

3 大人も学ぶ、子どもも学ぶ平和のつくり方

阿智村の子育てにおいて地域が重視していることとして平和の問題がある。このことに先駆的に取り組んだのは、「子どもの文化を考える会」である。一九七五年に発足して、毎年、親子平和映画会を開催するとともに、公民館活動にも協力してきた。また、地域の人から情報を集めて、『あちむらカルタの本』『阿智村のむかしむかしのお話』『おじいちゃん　おばあちゃんの戦争の話を聞いてな（その1）』『おじいちゃん　おばあちゃんの戦争の話を聞いてな（その2）』を発行してきた。高齢者から戦争の話を聞く中で、「精一杯生きてきた青春時代を懐かしく話される一方で、話の中で口が重くなったり、言葉につまられたり、涙を流されたりして、戦争は心に消しがたい傷を負わせるものであったのが伝わってきました」（原文は漢字にふりがな）と述べられている。このように、子どものために戦争体験を残そうと考えるよりも前に、編集をしている大人が体験者から深く学んでいる。

満蒙開拓の歴史を子どもたちとともに考える取り組みもはじまっている。二〇一三年の阿智村社会教育研究集会で「平和」がテーマに掲げられ、満蒙開拓の体験を聞くことも企画されたが、当初は村内で語ってくれる人を見つけることに苦労した。しかし、その後も分科会を続け、一六年度の

分科会では、満蒙開拓についての中学生の発表を聞くことが中心に据えられた。このような活動を通して、「『中学生が学んで良かった』ではなく、そこから大人がきちんと学び考えることが大事ではないか」「大人が歴史に向き合う姿勢を見せることが、次の世代へと引き継ぐ力になる」という思いが強くなってきたという。また、村民劇プロジェクトが立ち上がり、満蒙開拓の歴史が題材になった。一五人の子どもと五人の大人が演じ、それをもともとの村民、移住してきた村民、地域おこし協力隊、プロの脚本家、満蒙開拓平和記念館が支えた。これらをコーディネートした役場職員は、「当初の目的とちがうところに価値が生まれる。『子どものため』じゃない取り組み、習い事とは違う関係性、結果的に居場所になるような取り組みを多様につくることが大切。一からつくる面白さがあった」とふり返っている。

下伊那地域は満州に多くの人を送り出した歴史をもつ。それは被害の歴史であるとともに加害の歴史でもあり、国策に地域が協力して行われたものである。そのような歴史を繰り返さないために、子どもに伝えようという動きが起きることは自然なことである。しかし特徴的なことは、子どもたちが平和を学ぶことを先行させるのではなく、子どもも大人も職員もともに学び、思いを語り、劇をつくる中から、思いがけないかかわりが芽生え、それらすべてを子育ての糧にしようとしていることである。

4　基礎学力の保障と地元高校の改革

現在、阿智村には、保育園六園、小学校五校、中学校一校があり、学級数や児童数は表1の通りである。小学校は各学年一学級しかないが統廃合せずに各地区に配置している。一方、中学校は合併した清内路や浪合の学校も含めて統合して一校にしている。保育園と小学校は地域を存続させるために不可欠なものとして大切にされていることがわかる。

小学校を存続させることに加えて、子どもの学力の形成にも力が注がれている。小中学校で「既習学習の定着と家庭学習の習慣化」のために、退職した教員を「学習支援主事」に委嘱している。それぞれの学校と子どもの状況に応じて、三〇分～一時間の学習が、週二日～毎日行われている。また、小学校低学年の基礎学力を定着させるために、「教育支援主事」を委嘱している。「教育支援主事」は、各小学校長の指導の下で、教員の力量を高めるために、五つの小学校に週一回ずつ巡回指導を行っている。一年生の算数指導を最優先として、担任教師の相談に応じたり、授業参観と助言を行ったりするほか、チームティーチングや到達度別の少人数教育にもかかわっている。

この他にも、村費で教員を加配したり、交付金を出したりしている。村費教員（支援員）としては、少人数学習・学習習慣形成支援教員（三名）、支援を要する児童がいる学校への支援員（二名）、外国語指導助手（二名）、非免許教科解消のための中学校家庭科教師（一名）、中学校の心の教室相

表１　阿智村の保育園、小学校、中学校

	校数	学級数	児童数
保育園	６園		203 人
小学校	５校	30 学級、特別支援学級４学級	362 人
中学校	１校	７学級、特別支援学級２学級	212 人

出典：阿智村『阿智村の統計　2016』

談員（一名）が配置されている。また、学力向上支援（均等割、人数割、事業内容別を加算）、学校独自の学力向上への取り組み、授業改善のための教職員研修、漢字検定参考資料、学校独自の教材作成、ニジマス飼育（成長の観察、命を尊ぶ気持ちの醸成）などに財政的な支援が行われている。

このように保育園と小学校を地域に残すとともに、子どもたちが基礎学力をしっかり身につけることによって、一人ひとりが幸福を追求できる力を育てることがめざされている。地域のなかで育つことと基礎学力は、子どもたちが将来どこで暮らすにしても必要なことであるが、阿智村で暮らす場合には、地域づくりの担い手として不可欠なものであるという考えがここにはある。

一方、村内に立地している県立の阿智高校のあり方も考えられている。少子化のなかで、長野県では「地域高校」の統廃合が検討され、阿智高校の存続も危ぶまれた。そのようななかで、二〇一一年に中学生の親への阿智高校に関するアンケート調査を実施した。厳しい意見も出されたが、課題と期待が明らかになり、そのことを阿智高校と阿智村は真剣に受け止めて協議がはじまった。そのような経過から、二〇一二年に阿智高校の関係者（校長、教務主任、指導主事）と阿智村の関係者（村長、議員二名、議会事務局）が一緒に島根県の隠岐島前高校の視察を行い、地域に根ざした高校のあり方を学んだ。

その結果、阿智村に加えて近隣の平谷村と根羽村が財政支援を行って、阿智高校に「神坂塾《みさか》」を開設した。そこには、非常勤講師一名、ボランティア講師五名が配置され、「自立学習」と「個別学習」が行われ、大学進学に道を拓くとともに、地域に有為な人材を育てることに成功しつつある。このことが評価され、受験者が増え、定員割れの状態が解消されている。しかし近年、発達障害の子どもたちが増えてきている。このことに対応するために、阿智高校は発達障害支援専門員配置校になり、「合理的配慮推進セミナー」を開催するとともに、個別支援が必要な生徒に対して、ソーシャルスキル・トレーニングを行い、生徒相談室を充実させてそれぞれの生徒の状況をふまえた進路選択への支援が行われるようになってきている。

県立高校に地元自治体が財政支援を行うことは珍しいことであるが、そのことで、高校と地域・自治体が一体となった新しい教育システムが構築されてきている。このことによって、受験学力を高めることだけを目的としない、一人ひとりの人生に寄り添い、地域の力も活用した高校づくりが展望されている。

（辻　浩）

5　若者が自己実現できる地域

人口問題という側面から地域の持続可能性について考えるとき、その地域が若者にとって住みたいと思える地域であるかどうかは非常に大きな問題である。村で生まれ育った子ども・若者がずっと村で暮らし続けるというのも、一つの生き方のかたちではある。しかし、特に阿智村のような山村にとっては、村で生まれ育った子ども・若者が進学などをきっかけにいったん村を離れたとしても、また何かをきっかけに村へと戻ってくるのか、あるいは村で生まれ育ったわけではない若者たちが、村での暮らしに魅力を感じて村に移り住んできてくれるのか、ということも考えなくてはならない。つまり、ＵターンやＩターンの若者たちをいかに増やしていくのかということが、一つの重要な課題となる。

そうした点で、阿智村のなかでも清内路は、上述の通り、人口の増加が予測されているという点で、注目したい地区である。清内路も他の地区と同様に、人口減少の道を進んできており、一九八九年には九〇五人だったのが、二〇〇八年には七〇六人、二〇一〇年には六五一人、二〇一四年には六〇六人と減少してきており、二〇一六年二月一日現在では六〇〇人を割って、五八九人となっている。それでも、減少の仕方がゆるやかになったり、人口増加が予測されるようになったりした背景には、ＵターンやＩターンで清内路にやってくる若い世代の存在が大きい。

もちろん、清内路で生まれ育ったすべての子ども・若者が、清内路での生活を望んでいるわけではない。清内路の「子どもを増やそう育てようプロジェクト委員会」が清内路在住の二〇歳～四五歳の住民に行ったアンケートでは、「これからも清内路に住み続けたいと思いますか」の質問に対し、一〇・九％の人が「住み続けるつもりはない」と回答しており、また「もし転出することがあっても清内路に戻りたいと思いますか」の質問に対しても、二六・八％の人が「一度転出したら戻ることはないと思う」と回答している。同じアンケートで、住みにくく感じる理由として挙げられているのは、「利便性が悪い」ことであり、具体的には、働く場所のなさ、通勤の不便さ、買い物の不便さを挙げている人が多い。これは阿智村の他の地区、さらには阿智村以外の山村が抱えている課題と同様のものであろう。

そうした課題や困難を抱える清内路において、特にUターンして清内路で暮らす選択をする若者にとって、その大きなきっかけとなっているのが、清内路伝統の手作り花火の存在である。大学進学をきっかけにいったん清内路を離れたとしても、花火づくりをしたいという理由で、清内路に帰ってくる若者たちが一定程度存在している。その一人が、櫻井真紀さんである。櫻井さんが、さまざまな年代の人たちが一緒になって一つの目標にむかって取り組んでいくことを、手作り花火の魅力として語っているように、清内路の手作り花火には、火薬の擦りから、火薬の詰めや仕掛けまですべて自分たちで行い、一〇月の花火の奉納を目指していくという「挑戦」とも言いうるような側面がある。清内路の手作り花火の挑戦的な側面については、他の清内路出身の若者も同様に語っており、例えば二〇一七年の花火用の竹筒選びは、清内路に生えている竹を使っての竹筒選びにチャレンジしているという。これらの発言から浮かび上がってくるのは、手作り花火という子どもや若者にとって「挑戦したい」と思えるものが、地域文化として暮らしのなかに埋め込まれていること、父親や近所のお姉さんなど、子どもたちにとって身近な存在を通じて、その地域文化との出会いが獲得されていること、そうした手作り花火への「挑戦」が、自己の豊かな能力や個性を発揮し自己実現を図る機会となっていることであるように思われる。

また、浪合地区に住む小林ちずかさんのように、Iターンでやってくる若者たちは少なくない。小林さんの場合、子どもの生活に分け入った教育に価値を見出し、また自分自身の暮らし方として農や食を大事にした暮らし方に価値を見出した上で、それを実現する場所として、浪合にやってきている。そこからは、都市部ではないような自分の生き方を実現できる環境が村にあること、あるいはそれを実現しようとしたときに、その思いを受けとめたり、支えてくれたりするような環境が地域のなかに醸成されていることが、Iターンの若者を惹きつける要因となっていることが見て取れる。そして、それを下支えしているものとして、阿智村のなかで育まれてきた住民自治の土壌に注目する必要がある。

（古里貴士）

6　多彩な婚活支援と地域の協力

阿智村では、少子高齢化という課題に対し、村の持続可能性に向けてIターンやUターンの定住支援とともに、婚活活動への支援にも取り組んでいる。阿智村の婚活事業は、いくつかの段階を踏んで発展してきた。

阿智村における婚活は、二〇〇八年から六〇・七〇歳代の女性一〇人で構成された「ゆずり葉の会」で結婚相談事業を開始（毎週土曜日一九時から二〇時まで）、登録会員を対象に主に一対一の見合い事業を行っていたが、男性に比べて女性会員が少なく、見合いを進めるにあたって難しさがあった。この「ゆずり葉の会」の見合い事業は、地域の人がお似合いの人たちをマッチングするという形だったが、一年遅れて始まった「であいプロジェクト」はイベント中心で、同じ体験をすることによって自然に男性と女性が知り合える工夫をしている。

「であいプロジェクト」は五〇代の女性二人と当事者が始めたもので、大人数のパーティー以外にも、コミュニケーション講座やメイクアップ講座を実施するなど、マッチングの形を脱して多様な出会いの機会をつくり出そうとしていた。なかでも、特徴的なのが農業婚活「Green Smile Project」である。この農業婚活は、田植えや野菜植えから収穫、稲刈りなどの一連の農作業を一年かけて共同で行い、そのことを通して交流し、仲良くなるとともに、「阿智村」という地域の魅力を知ってもらうことが目的である。限られた時間での出会いだけでなく、農作業をすることで自然に溶け込むこのプロジェクトは、村外から参加する女性も多く、地域おこし協力隊や農家の人々、役場職員などの地域の協力を受けて実施するもので、実際に結婚に至ったカップルも誕生している。

見合い方式だけでなく、婚活パーティーや農業婚活という、より多くの地域住民の参加による婚活へと変化してきた阿智村の婚活は、活動の中心メンバーが入れ替わり、最近は個別相談や都会でのイベント開催、住みやすい地域づくりへとその様子が変わりつつある。

まず、阿智村であいサポートセンター結をオープン、登録制によるマッチングを行う一方で、二〇一六年からは相談所を始め、場所も特別に設けて個別相談に力を入れている。婚活パーティーや農業婚活に加えて、個別相談を位置づけ、より人に寄り添うやり方を試みている。そして、事務局に非常勤の職員を一人置くことで、一層体系的に婚活事業が展開可能となり、さらなる新しい試みとして、二〇一五年からは東京や名古屋で阿智村産の食材を使ったパーティーを開催したり、子ども連れで再婚を考えている人や三〇歳以上の人に限定した婚活を企画したりと、社会や地域の変化に応じた多様な形の出会いを提案している。また、自由に使える空間を利用して「はぐカフェ」を開催し、婚活に限らず、地域の人々が集い、話し合いや生活の悩みなども相談できる地域の「居場所」づくりにもその活動を広げている。

阿智村の婚活支援がほかの地域のそれと異なるのは、人々の出会いばかりでなく、もっと住みやすい村にしていくことを大事にしているところであり、そういった視野の広がりに加え、行政との協力関係も見落とすことができない。婚活事業の開始段階から役場が積極的に支援し、少しずつ住民主導に移行できる仕組みを整える一方で、事業の最初から関わっている職員の支え・協力は、住民の活動をより豊かなものにしている。

村を支える基本的な土台となる人口の減少は、村の存続に直結する重要な問題であるだけに、地域のさまざまな人のつながりや関わりによって成り立つ阿智村の婚活事業は、同じ課題を抱える地域において有効な手掛かりを示しているであろう。

（金　侖貞）

参考文献

・阿智村『阿智村の統計 二〇一六』
・あちたね事務局『あちたね―阿智のヒトと暮らしの情報誌―』創刊号、二〇一七年六月
・阿智村子どもの文化を考える会『おじいちゃ おばあちゃの戦争の話を聞いてな（その2）』二〇一四年
・植松史歩「現在の活動について」二〇一七年九月。「おきくのじどうかん」は智里西公民館で、「おきくの出前じどうかん」は、は、き木館で、開催日時を決めて実施されるものであり、「おきく」とはこの活動の中心になっている地域おこし協力隊の大学時代からのニックネームである。
・大石真紀子「阿智村ガイダンス」社会教育・生涯学習研究所『阿智村で自治と協働を学ぶセミナー資料』二〇一七年
・金子智行「事務局長あいさつ」『つながる福島Jr.ユースキャンプinあち活動報告書』二〇一四年
・黒柳紀春・加藤律子「阿智高校における神坂塾とインクルーシブ教育の取り組み」『第二六回現代生涯学習研究セミナー記録集』二〇一四年
・金侖貞「地域に生きる意味を考える結婚支援」『社会教育・生涯学習研究所年報』第八号、二〇一三年
・櫻井佑介・櫻井拓巳・本柳寛人・櫻井真紀「清内路に生きる青年と社会教育」『第27回現代生涯学習研究セミナー記録集』二〇一五年
・佐々木正義「学校の活性化をめざす支援について」現代生涯学習研究セミナー運営委員会『第23回現代生涯学習研究セミナー記録集』二〇一一年
・社会教育・生涯学習研究所「地域自治を担う力が育つ村―長野県阿智村調査報告書―」『社会教育・生涯学習研究所年報』第八号、二〇一三年
・社会教育・生涯学習研究所主催「阿智村で自治と協働を学ぶ学生セミナー」（二〇一七年九月八日・九日）での櫻井拓巳氏の発言による。

・清内路ホームページ　http://www.seinaiji.jp/files/gaiyou.html（二〇一七年一一月三〇日閲覧）「〈配布資料〉子どもを増やそう育てようプロジェクト委員会によるアンケート結果」『第27回現代生涯学習研究セミナー記録集』二〇一五年
・田中夏子「阿智村で暮らしを考える、仕事をつくる、拡げる」阿智村社会教育研究集会実行委員会・阿智村公民館『第五〇回阿智村社会教育研究集会資料集』二〇一七年

第四章－3　住民の学びと公務労働

1　村をつくる住民の学びと自治体労働者

憲法が息づく村

私は二〇一三年三月に、二五年務めた所沢市役所を退職し、中学生から三八年間暮らした所沢を離れ、阿智村に移住した。村の保健師になって五年が過ぎようとしている。移住した一番の目的は「住民自治はどのようにして成熟していくのか」という関心とそれにかかわる「自治体職員の役割」を阿智村から学び、実践し、探求したかったからである。

民主主義が成熟する国づくりの一歩は、われわれが暮らす足元から始まる。私にとってそれは、この小さな自治体で憲法の理念を実践することだと考えている。実際、阿智村に来て、さまざまな形で日常生活のなかに憲法が息づいている姿があった。

私の阿智村役場初登庁日、岡庭村長（二〇一四年二月に退任）のあいさつは、憲法一三条と住民の幸せを支える自治体職員の仕事についてだった。長い公務員生活のなかで首長から憲法の話を聞くのは初めてだった。岡庭村長の言葉はその後何度も聞くことになるが、いつも自立した自治体の首長として、住民の暮らしを守り抜く姿勢は一貫していた。住民に不利益な国の政策については厳しく指摘した。岡庭村長が口癖のように語っていたのは「村民以上の村はできない」という言葉である。

阿智村では新人研修期間というものはなく、初日から持ち場に就かされた。その代わり、月一回主任以下の職員を対象に研修があった。午後からの半日、岡庭村長の講義と、レクリエーションで交流する。時間内に行われるため、その間の業務は係長職以上で対応する。岡庭村長の話は、村政全般から憲法の理念、満蒙開拓の歴史から労働組合の大事さなど多岐にわたっていた。

今でも心に残っている言葉の一つに滞納整理期間前の朝礼での訓示がある。阿智村は滞納整理を全職員であたる。税の徴収は自治体職員にとって特にストレスの大きな仕事だが、健全な財政運営のためには重要な仕事である。それをみんなで手分けして行うのだ。徴収目標もあるが、岡庭村長は、「徴収だけが目的ではなく、なぜ支払えないかを丁寧に聞き取ること、そして福祉としっかり連携すること」を強調した。そういう日々の何気ない言葉の一つひとつが、私たちに憲法を基軸とした自治体職員のあり方を考えさせるのであった。

小さな自治体の仕事と働きがい

阿智村に再就職して私が最も感動したのは、職員一人ひとりが自分の仕事にやりがいを持ってあたっている姿だった。阿智村も他の自治体同様に職員数はギリギリまで削減されている。一人で何役もこなし日々の忙しさは大規模自治体にも勝るものだと感じた。にもかかわらず皆親切で、住民のために心から一生懸命なのだ。私にとってその姿は、とても新鮮だった。どうしてなのか本当のところはよくわからないが、ひとつには、住民の顔が見え、住民からも職員の顔が見える自治体の規模であることや、職員が住民から頼りにされていることが、働きがいにつながっているのではないかと私は感じている。

何かの研修で住民自治が育つ規模は人口一万人程が適当だと教わった記憶がある。阿智村はこの条件を満たしているわけだが、これは決して自然に保たれてきたわけではなく、住民や議会が適正な規模の自治体を選択してきたのである。平成の大合併で小規模合併にとどめ、合併特例債を上手く運用してきたのは、阿智村の知恵と力の結晶である。六六〇〇人の住民に対して一〇〇人の正規職員で、何とか住民の顔が見える仕事ができる。住民の顔が見えることで、自分の仕事がだれの幸せにつながるのかを感じ取れる。それは職員の働きがいの大事な要素だと思う。

さらに働きがいの条件として、「仕事の全体像が見える」ということもあるのではないか。阿智村は、大規模自治体でいえばおおよそ一つの課で行う仕事を一人の職員が担っている。私の経験で言うならば、人口三四万人の前任地で介護保険課に勤務していた頃、課内には三つの係があり、その中で認定係の調査担当という細分化された一つのコマとして月八〇〇件の調査をこなしていた。そのため、住民の相談にも部分的なことしか応えられず、相談者の介護に関する諸々の問題に対応することができなかった。

一方阿智村では、介護保険に関するすべての事務をひとりで担っているため、申請から給付、保険税に至るまで、介護保険事務のすべてを掌握することができる。その結果、住民からの相談にも柔軟にきめ細かく、しかも制度を上手く運用して相談者の個別性に合わせた対応が可能になる。また、課題も見えやすいため必要な事業を生み出すこともできる。だからこそ住民から喜ばれ、頼りにされ、働きがいにつながっていくのではないだろうか。

しかし小規模自治体としての悩みもある。例えば、国から降りてくる事務の数はどの自治体も同じであるから、あらゆる事務をひとりで処理しなければならない。一人で担う業務量の多さに加え、一人で考え判断し、臨機応変な対応が求められる場面も多い。そのため、職責の重さに苦しむ職員もいる。しかし大規模自治体にはない、仕事の面白さや、やりがいがあるのも事実だ。

自分の仕事の全体像が見えることは、他職種との連携においても力を発揮する。ある事例だが、国民健康保険の担当がレセプト（診療報酬）を点検していたところ、必要な受診をしていない滞納者を見つけ、保健師に訪問の要請があった。訪問すると、劣悪な環境のなかで何も食べず横たわっていた。すぐに生活保護を申請し医療に結びつけ、支援が始まった。国民健康保険、生活保護、地域包括支援センター、住宅、税務、保健師がチームを組んでそれぞれの役割をはたしていった。その結果二年後には、病気も快復し、滞納もすべて完済して、生活保護から抜け出し、自立した生活が送れるまでに回復した。一人の問題を部署を超えた職員集団が知恵を出し合い、支援の質を格段と高めた例である。

阿智村では住民から相談があれば、課も係も関係なく、関係する職員が一丸となって対応することは当たり前の日常になっている。このような一人ひとりのいのちが大切にされる自治体のあり方が、自治体の規模によって左右されてしまうことは大変残念なことである。私は、大規模自治体であっても、すべての職員が地区担当制で働ける仕組みに変えることができたなら、住民の顔が見え、住民からも職員の顔が見える行政が可能になるのではないかと考えている。

公務労働の質を高めるために

たしかに小さな自治体ほど住民との距離は近く、関わりの密度は濃い。住民自治が醸成するためにも適正な自治体規模を維持することは重要だと実感する。しかしそのことだけが自治体労働の質を高める要因だとは思えない。私は、職員の資質を高めるためには、住民から学ぶ、住民と学びあうことが最も大事だと考える。阿智村役場には、そういう機会が意図的につくられている。その一つに広報説明会がある。

村では年四回「広報あち」が発行される（お知らせ版は毎月発行）。この発行に合わせて毎回、役場職員は五六集落に出向き一～二人が担当して広報説明会を行っている。ここでは、自分の業務だけでなく広報に掲載されているすべての事業について説明し、予算や決算もわかりやすく住民に伝えなければならない。さらに伝えるだけでなく、村民からの要望や意見を聞いてくるというのが広報説明会の役割である。説明会の前には、広報に掲載されている記事についての研修があり、各担当から解説がある。これらを通して全職員が村政全般を常に掴むことができるのである。

そして阿智村の職員は自治会の事務局を住民としても担っている。地区計画づくりや祭り、季節の行事や公民館事業を一緒に取り組むことで、住民と共に汗を流すことができる。自治体労働者の資質を高めていくためには、同じ地域に暮らす住民としての活動も大切だ。

これらの活動はほとんど夜や休日である。阿智村では、会議も学習会も基本的には夜開かれる。各集落で開催する健康学習会（健康全員常会）もすべて夜である。ある時、保健師の全国集会で健康学習会の住民の参加が少なくて悩んでいるという話題が上がった。その時、阿智村の若い保健師が「何で夜学習会をやらないのですか？」と質問していた。昼間は仕事で誰も来ないことがわかっているのに、どうして夜やらないのか、阿智の保健師には不思議なのだ。しかし多くの自治体では、その悩める保健師のように、夜仕事に出るというのはよっぽど特別な場合のみに限られる。その感覚の違いが私にはよくわかる。

阿智村では、何か村に課題があれば、まず話し合い、そして学習し、さらに話し合いを深め、必要な事業をつくっていく。その活動はほとんど夜行われる。必然的にその課題に関わる役場職員も当たり前のように夜仕事に出て、共に学び共に話し合うのである。

自治体労働者として成長すること

阿智村役場職員組合の加入率は一〇〇％である。このことは、自治体労働の質を高めるために大変重要なことだと思う。職員組合の歴史は長く、その活動は村政に多大な影響を与えてきた。

その一つに阿智村で毎年開催されている、社会教育研究集会がある。そのきっかけは、一九六五年に役場職員組合が主催した第一回阿智村地方自治研究集会にあった。そこでは①農民の苦悩をどう解決するか、②岐路に立つ自治体財政と社会教育の悩み、③住民の健康を守るために、という三つの分科会が開催された。一九六五年は下伊那テーゼが生まれた年でもあり、役場組合が「社会教育の確立」のために住民と共に学ぶ場を生み出し、二年後の社会教育研究集会開催につながったことは確かである。

岡庭村長は、職員にはもっと労働組合の活動をしっかり取り組んで欲しいと切に願っていた。そのことは、村長を退任する時の職員へのメッセージにも強く表れていた。退任あいさつでは、労働組合運動が自分の役場の仕事の基礎をつくってくれたと話され、地方自治を守り地域課題を共に考える自治研活動の重要性を述べ、「自治体とは、住民の皆さんの生きた暮らしにしっかり応えなくてはならないことと同時に、住民の皆さんの暮らしを豊かにしたい、住みよい地域をつくっていきたい、という自らの運動をしっかり支え発展させていくことがわれわれの使命である。そうした住民の願いを阻害する国をはじめとするさまざまな行為に対しては、自らも住民として、あるいは労働者として共に闘っていくことができなくてはならない。我々が担っている公務労働とは、住民の忠実な全体の奉仕者であると同時に、自らも住民の一人であり、歴史を切り拓いていく労働者として共に地域をつくっていく協創の役割を担うという二面を持っているのである」と話された（二〇一

四年二月一〇日　岡庭村長退任のあいさつより)。

阿智村職員として働いた五年を振り返り、自治体職員にとって最も大事なことは、「住民と学びあうこと、住民として学びあうこと」だと私は確信する。しかし、そのことが現在の自治体労働現場においてどれだけ困難なことなのかも実感する。行政が自治からサービス業へ変貌し、住民の意識もサービスの受け手と変質していくなか、住民自治はますます後退している。効率や成果主義に職員が振り回されれば、住民と時間をかけて話し合い、学びあい、住民同士合意をつくりながら丁寧に村をつくっていくことができなくなってしまう。

現実には、村政においても職員の働き方についても多くの困難や課題を抱えている。しかし、先輩の姿から学んだ職員は、住民との学びあいをつくる努力を重ねている。そして「阿智村なら自分たちのやりたいことが実現できそうな気がする」と言ってくれる住民がいる。住民と共に学びあいながら自治体労働者として成長し、共に平和な歴史を切り拓く一人になっていくことが、阿智村がめざした「社会教育の村」の職員像であったはずだ。私は生涯をかけて、この地で公務労働とは何かを探求し続けたい。なぜなら阿智村の「住民主体の村づくり」は我が国の希望だからだ。その光を灯し続ける一人になりたいと思う。

（山本昌江）

2　話し合いが地域をつくる、人を育てる

意味のある会議をつくる

私は二〇一二年四月から五年間、阿智村中央公民館主事として務めた後、現在は協働活動推進課で協働活動係として仕事をしている。どちらの部署でも住民と直接かかわりながら働いてきた。

私が仕事のなかでいつも頭を悩ませているのは「会議」である。公民館主事の時には毎日、会議の進行方法とそのための会議資料のことばかり考えていた。どういう風に会議を進行すればよいかわからず、パソコンの画面を開いたまま何時間も考えていたこともある。なぜ会議が大事だと思うか。それは会議で出される意見と結論が、取り組みの内容を決め、ひいては地域の未来を決めていくからだ。

もちろん会議は参加者の共同作業であって、参加者全員の責任のもとに成り立っていく。しかしそうはいっても進行の仕方や用意した資料によってその充実度が変わるのもまた事実である。したがって職員としてその準備を担うのは大きなプレッシャーなのである。

当然、会議の性質によって会議の進み方は大きく変わってくる。たとえば自主グループやメンバーの問題意識がはっきりしている場合、会議はみんなでつくるものとの意識が参加者にあるため、特別準備をしなくともみんなで考え合うことができる。しかし参加者が役職で集められているような

会議はそうはいかない。進行役の問題提起や進め方によって会議の質が大きく変わってしまう。

公民館に来て最初の疑問がこうした会議のあり方だった。実行委員会と名のつく会議でも事務局案を提示し、了承してもらうだけの会議が多くあった。公民館の会議は仕事が終わってからの夜に行われる。早く終わって参加者に負担をかけたくない気持ちもわかるし、無駄な時間をかける必要もない。しかし参加者が何も考えなくても済んでしまうような会議はその存在自体が必要ないのではと思った。またその結果、新しい取り組みが生まれにくくなっているとも感じた。

私は、参加者が参加して意味があったと思える会議にしたいと考えた。そこで会議において二つのことを目指すことにした。一つは参加した全員が一度は発言すること、もう一つは結論を会議のなかで出すことである。全員が発言することは会議の進行を工夫することで可能になった。人数が多い時にはグループワークを取り入れ、人数が少ない時には発言していない人に発言を求めるようにした。しかし結論をみんなで決めることは必ずしもうまくいかなかった。結論を会議のなかで出すためには事務局と住民のやり取りという関係性ではうまくいかない。住民同士のやり取りがないとできない。その場をつくれるときもあればつくれない時もあった。

話し合いでつくる計画づくりをめざして

結論を話し合いで出すことの重要性を痛感したのが、二〇一五年度「まち・ひと・しごと創生総合戦略」の計画策定に携わった時である。この計画は国から市町村が事実上策定を義務づけられたもので、将来人口の目標値を定め、目標達成に必要な施策をまとめるというものであった。策定にあたっては住民の声を聞くことが求められていた。

策定に際して、人口推計は外部に委託し、それ以外の部分は職員のプロジェクトチームをつくり策定することになった。私はこのプロジェクトチームの事務局を担った。住民の意見を聞く部分では、自治会ごとに懇談会を実施するとともに、各種審議会において、地区別、分野別に意見を聞くこととした。その結果、現状と課題をおおよそ把握することができた。特に審議会においては普段からその分野に深く関わっている住民の皆さんなので、現状と課題はかなり明確にわかっていた。そして聞いた後にはたと困った。これらをどう解決するかを誰が決めるのだろうか。

課題に対する解決方法のなかには当然、相反する意見がある。異なる意見にどう折り合いをつけ、方向づけしていくのか。このプロセスを踏むことが計画をつくる上では必要だった。ところがこの時はそのための時間も権限もなかった。結局具体的施策は各課の担当が考えることとなった。したがって職員のプロジェクトチームで一定議論をすることはできたが、住民の意見やプロジェクトチームの議論がどこまで具体的施策に反映されたかは疑問の残る結果となった。

計画策定を終えた時はこの結果に対する敗北感と自分の見通しのなさに打ちのめされ、計画のことを忘れたい気分だったが、一つの疑問が私の心をとらえていた。それは課題がわかっているのになぜ解決に向けた取り組みができないのか、との疑問である。これを考えているうちに気づいたことは、それらの多くが行政的分野の区分けを超えて連携しないと取り組めない課題であることだった。さらには今の役場の体制では、こうした分野を超えてのボトムアップに取り組めるシステムが弱いことも感じた。今後はこうした仕組みをつくっていくことが必要だと考えている。

伍和地区の計画策定に携わる

二〇一七年度、伍和地区の計画策定に携わる機会をもらった。伍和地区は前計画まで、自治会の役員数人で計画をつくっていた。しかしそれでは住民全体の計画にならないと、今回は計画の策定委員会を設置することとなった。住民から一一人が委員として選出され、自治会から委嘱を受けた。事務局として私を含め四人の職員がついた。さらに自治会から二人が加わり、一七人のチームでつくっていくことになった。

事務局長は自治会の副会長が務めた。事務局長は最初の事務局打ち合わせで二つの思いを話した。一つは前回の計画が住民に全然浸透していなかったので、今回は住民全体のものにしたいということ、もう一つは自治会の活動が活発になるようにしたい、そのための組織改変も視野に入れているというものであった。この思いは私も共感するところで、やってみようと思った。

計画の策定期間は半年である。具体的な会議の進め方や計画のフォーマットなどは事務局が案をつくり、事務局長と策定委員長と協議して決めていくこととした。

六月、策定委員会でグループワークを行い、「こんな伍和だったらいいな」をテーマに意見を出し合った。出された意見は四分野「生活」「教育文化」「地域経済」「地域づくり」に整理することとした。続いて地区全体に声をかけて懇談会を実施した。ここでもやはり「こんな伍和だったらいいな」をテーマに四分野に別れて意見を出し合った。この二回の会議に昨年度伍和公民館が実施した会議で出ていた意見も加え、計三回分の意見を整理した。そして策定委員会においてメンバーが四分野に分かれ、それぞれ現状と課題の抽出を行ない、さらにその課題に対する解決策を考えた。

一〇月、もう一度地区全体に呼びかけて懇談会を実施し、策定委員会が考えた解決策について報告し話し合いを行った。この時印象的だったのはリニアをめぐる意見であった。議員から「リニア開通を見越した取り組みを入れるべきだ」との意見がでた。それに対し「小さいグループが敬老祭でたくさん発表する。そういう部分を大事にしたい」「草刈り作業に参加すると高齢者ばかりで危機感を持っている。草刈りができていないと観光客も来ない」などの自分たちの生活を大事にしていきたい意見が相次いだ。次の策定委員会で検討した結果、リニアについては計画に盛り込まないこととなった。結論の内容はさておき「まち・ひと・しごと創生総合戦略」の時にはできなかった話し合いで結論を選び取れたことがよかったと思った。

また懇談会で全体像がわかりにくいとの意見が出たことを受け、当初四分野に分かれていた取り組みを全体で整理し直した。これによって、複数分野で上がった課題を一つの取り組みで解決する道筋ができた。

ここまできてやっと計画らしくなったが、その中身は「これからみんなで考えていこう」というものである。計画策定後に取り組みを進めて行く方がはるかに大変そうで、策定委員長いわく「ここからが勝負」なのである。

地区計画策定にあたって、事務局を職員が担うことに対しては役場内で否定的な意見が多い。「自治会が職員に頼っている」とか「自治会の自立を妨げている」といった意見である。確かに事務局でやりすぎたと思う部分もある。しかし今回、話し合いのなかで住民の意見と職員の意見が出会うことで新しい考えが生まれる場面が多々あった。職員と住民の関係を切り離すのではなく、関係を丁寧に築くことで、住民自治が発展していくのではないかと感じた。

少なくとも私にとっては職員として大きな学びの機会となった。計画策定の過程で真っ先に感じたことは「伍和地区のことを私は全然知らない」ということであった。伍和自治会に関わって一〇年になるのに、公民館主事の時には伍和公民館を担当していた時期もあったのに、である。地域のなかでこんなにたくさんの人がさまざまな組織を通じて力を出し合っていることを知らなかった。そして事務局長や策定委員長からも多くを学んだ。これまで知らなかった「地域の力学」のような部分を見るのは新鮮であった。

また普段の業務では分野別に地区を見ているが、今回は地区という切り口で見ることができたことも大事だったと思う。普段関わっていない分野の課題も含めて地域をトータルに考えることができた。そして住民一人ひとりの思いに触れていくことで伍和地区に思い入れができた。それは職員として大事な経験だったと思う。

ついでに言えば、ともに事務局を担った職員といろんな議論をできたこともよかった。部署を超えて議論する機会があることは楽しいし、よい仕事をしていく上でも重要である。

職員はどう育つのか

公民館主事時代に自分がラッキーだったと思うのは主事同士でいろんな議論ができる関係が築けたことである。一緒に働いた主事から、私は地域のことや地域への思いを多く学んだ。それは私の考え方に反映されていった。また会議における住民の発言の意味を議論したり、課題は何なのかを話したりするうちにお互いのやりとりから新しい発見があり、新たな考え方や取り組みが生み出されていく経験を何度もした。これらはとても楽しかったし、決定的に大事だったと思う。しかし小さな役場において一つの仕事に複数で取り組める職場は必ずしも多くない。

その点、公民館活動と労働組合運動が大事だと思う。当初、私はその場を主に組合運動に求めていたが、次第に公民館活動も重要だと思うようになった。何の気なしに、仲の良い職員を公民館の行事に誘い、参加してもらったところ、住民の皆さんがいろいろ話しかけてくれてあっというまに関係ができていった。そして職員の住民観も大きく変わった。これは組合において「住民自治」や「協働」について説明するより、ずっと早く感覚的にその意味をわかってもらえるのではないかと思った。

実際、どんな活動に参加しているか例をあげると、満蒙開拓の歴史を演劇にした「村民劇プロジェクト」に職員有志が参加している。照明音響操作や、楽譜づくりなどさまざまな場面で力が発揮されている。また二〇一七年は福島県の中学生を阿智村に呼んでキャンプを行う「つながる福島Jr.ユースキャンプ」への参加を組合青年部にお願いした。「阿智村クイズ」を用意してもらったところ、そのクオリティの高さに驚かされた。こうした取り組みは職員にとっても業務から離れているので比較的参加しやすい。フラットな関係のなかで名前を持った個人として職員が認識され、地域に居場所ができていく。阿智村の公民館周辺に職員を育ててくれる住民がたくさんいることは感謝するしかない。

さらに若い職員の姿が見えることは、地域のことを本気で考えようとする住民にとって希望である。顔が見える関係のなかで地域のことをともに考えられる関係を住民は求めている。職員組合の青年部が阿智祭などに参加するようになり、その姿が見え出したとき、歓迎する声が多くあった。今年も阿智祭で「職員が参加してくれて嬉しい」と話してくれた人がいた。

近年、社会教育研究集会の実行委員会のなかで職員の参加が少ないとの声が出続けている。この声を「役場に頼ろうとしている」と受け止める声もあるが、私は違うと思う。「職員は地域のことを本気で考えているのか」という問いかけなのだと思う。社教研で発言すると村としての発言になるから嫌だという声がしばしば職員から聞かれるが、村の考えと自分の考えを区別して話すことでそれは一定防げる。自分がどんな仕事をしたらいいのか、みんなに考えてもらえる機会を逃す手はないと思う。

私は村の人たちから話を聞いたり、自分の話を聞いてもらう関係のなかで自分の仕事の中身やその意味を問われ続けてきた。職員にとって住民とどのような関係を築いているかは、どんな仕事をするかを考える上で決定的に重要だと思う。若い職員は総じて地域と関わる機会が少ない。近年は村外出身・在住の職員も増えており、阿智村のことをほとんど知らない状態で職員になるケースもある。職員になってからも住民と直接関わる部署でなかったり、自治会の事務局にならなかったりすると、住民と知り合うことのないまま働くことになる。それでは自分が誰のために、何のために働いているのかわからなくなってしまうのではないか。それは職員にとって結果的に辛いことだと私は思う。だから私は職員が住民と関われる場をこれからもつくっていきたい。

（大石真紀子）

第４章－４　「地域づくり」―それは人びとが豊かに育つこと
―自治と学習の心意気をここに見る―

１　阿智の「地域づくり」が問いかけているもの

住民自身が主人公でなければ「地域づくり」とは言えない

阿智村の「地域づくり」実践が語られるとき、決まってその中心人物である元公民館主事で前村長岡庭一雄氏の長年にわたる取り組みが注目され、その働きが高く評価される。それは当然のことなのであるが、しかし、この村の「地域づくり」の主人公は岡庭氏ではない。村びと一人ひとりが主人公なのである。

すでに報告されている数々の実践事例から明らかなように、村びと自身が自分たちを取り巻く事態をしっかりと見つめ、学習を深めて励まし合い支え合いながら、それを拓く方途を探り、「地域づくり」の展望を拓いてきた。そして、その中身を創る努力を重ねてきた。この事実のなかに、村びとたちが、「地域づくり」の主人公である自分自身を鍛え上げてきた姿を見ることができる。

岡庭氏は、そのような主人公づくりに力を入れてきた公民館主事であり村長であった。

こうした学習活動を根底にした「地域づくり」実践は、一口に〈社会教育にもとづく村づくり〉と言われるが、阿智の人びとの重ねてきた苦闘を思うと、その表現は少々軽い。

本書では、阿智の人びととの、子育てから地域農業の振興、福祉事業の充実、女性たちの自立事業への取り組みや図書館建設、自然保護に至るまで、くらしのいろいろな局面にわたる「地域づくり」の取り組みの歩みのなかで、それに関わった人びと自身の手でそのもつ意義がいっそう明らかにされていくという住民の「育ち」がある。それは、〈社会教育にもとづく村づくり〉というよりは、〈村づくり＝「地域づくり」の実践が社会教育をつくる〉ととらえるべきではなかろうかと思う。

阿智村の「地域づくり」実践は、「人は何に向けて、何を学ぶべきか、それを通してどんな人間的成長をめざしそれを獲得すべきか」を問うて、社会教育の本来的な課題を明らかにしているのである。

そもそも「地域づくり」とは何か

そもそも「地域づくり」とは、豊かな共同生活関係を地域に築けるような担い手づくりのことにほかならず、その意味で、そのような人間づくりをめざしている社会教育活動そのものであり、「地域づくり」には「人間が人間らしく生きる道筋の探求」が求められる。それは、利益追求に追われ、競争の原理がわがもの顔でまかり通る今の世においては、失われゆく人間らしさを取り戻すいとなみにほかならない。そしてどうしても軸に据えられなくてはならないのが、「人間らしい暮らしを創る」という意志に貫かれた「学び」を自ら創り出すいとなみである。

この「学び」への意志があってこそ、「人づくり」の「学び」を生み出すものとしての「地域づくり」への確信が生まれる。「学び」が「地域づくり」の力であることには間違いはないが、「地域づくり」がまたひとつ深い「学び」を生み出して、またひとつ中身の濃い「人づくり」「地域づくり」が生み出される。

人びとの学習活動が生む「地域づくり」の実践から得られた「人びとの結びつきの深まり」が、「さらに人びと自身を成長させる」という「人間発達」の「輪」をもたらすのだ。

私は、この〈「学び」を生み出す〉働きを「地域づくり」の基本機能として位置づけたい。「地域づくり」とは、まさにこの「人間発達」のいとなみのことなのである。

「地域づくり」論は、地域の特色づくり論でも、住民参加の手続き論でもない

一般に「地域づくり」が説かれるとき、他の地域とは異なる特色づくりや自治体事業への住民参加の独特な方式などが論じられるが、それだけでは「地域づくり」論とは言えない。例えば、道州制の導入を前提にした大規模合併下で「住民意思が反映されにくい」という広域行政への批判を和らげようと、旧町村単位の地域協議会がつくられる例があるが、それは形だけの「参加」に過ぎない。そこに用意されるのは、自立自治体のそれとは違って、決定権のない住民意思表明の場でしかない。自治権のないところで、いかに「参加」が説かれようとも、それは住民の自治の主体として

の力量を育てるものにはならない。そこでは自分たちの手で地域をつくる意欲すら失わされてしまう。「地域づくり」の力量を豊かにする「人間発達」なんぞ望みようがない。

また、そこから一歩進んで「学び」の必要性が説かれようとも、それが「何に向けての学びか」という、築き上げるべき地域のイメージを描くことのない学習であれば、単なる学びへの形だけの期待に終わってしまう。日本社会教育学会が、数年前に『学びあうコミュニティを培う』(二〇〇九年)という本をまとめたことがある。さまざまな学びが生み出されるようなコミュニティをつくろうというものであるが、いま問うている「地域づくり」とは、人びとが人間らしい暮らしの実現をめざして自己形成できるような学びを生み出す「学びを培うコミュニティ」づくりなのである。「地域づくり」とは、それを担える力を人びとが身につける「人間発達」が生み出されるコミュニティづくりなのである。

では、阿智の「地域づくり」実践はそこにどう迫っているのであろうか。

2　阿智村の「地域づくり」実践の基本理念は「人間発達」

阿智の「地域づくり」実践の特質は、住民の「自治の主人公としての資質」を深いところで高めるという「人間発達」がめざされているところにある。

それは、第一に、人びとが参加して自治的にものごとを決め共同的に実施・運営にあたっていく、という気風を育てていること、第二に、つねに暮らしのなかに課題を見つけ、その解決に向かって共同で学習するという気風を高めていること、そして第三に、子どももお年寄りも、障害をかかえている人たちも含めたすべての住民が、お互いを理解し合い、その価値を認め合って、支え合い育ち合う「地域づくり」の仲間であるという認識を共有していることである。

それをよくあらわしている典型的な事例を、「村づくり委員会」の活動、「社会教育研究集会」の積み重ね、そして多機能型福祉事業所「夢のつばさ」の建設に見ることができるが、その詳細な報告はすでになされているので、ここではその意義を確認しておこう。

まず、「村づくり委員会」について言えば、住民の多様で切実な生活要求を取り上げるに際して、その実現を村当局に迫るという〈ある課題に関心を持つ人に限られた〉形の住民運動ではなく、〈学習と共同思考を重ねて住民共通の課題〉として確認し合うなかで住民全体の運動として発展させてその実施や運営を担っていく、という地域づくりの「形」を定着させていることである。一つの例として、図書館づくり運動を見てみよう。そこでは、図書館建設は、読書の機会を広く保障するサービスにとどまらず、地域の暮らしを良くする上で役立ついろいろな資料がつねに身近にあるという、地域づくりの必要に応える機能がめざされている。このように、全住民にとっての図書館の持つ意味が広く共有されて建設が実現しているのである。

住民がつねに自己の要求をみんなの要求のなかにおいて考え、お互いの要求に共通するものを見つけ出し、共同の力で実現をめざす、こういう思考と実践が鍛えられていくならば、「地域づくり」

とは、地域に生きる人間のものの見方や考え方、生きる姿勢（＝人間的資質）を高めるいとなみであることが明らかになる。これがまさに「人間発達」にほかならないのであって、「地域づくり」における〈住民の「参加」と「自治」〉とは、こういう力量の形成の裏打ちがあってはじめて言えるものなのである。

「社会教育研究集会」の活動はどうか。住民がかかえる種々の生活課題や地域課題を持ち寄ってその問題点を深めながら解決の方途を考え合っていく学習、それが誰もが参加できるように工夫されて毎年重ねられていく研究集会がこれであるが、際だった特色がある。

それは、さまざまに持ち寄られる問題を、現代日本が直面する課題として広い視野で深める方向が準備されていることと、同時に、その問題を地域の歴史と特色をふまえた独自な考察と解決を考える視点が据えられていることである。

健康、福祉、子育て、地域産業、定住・若者支援、自然・歴史・文化、こうしたテーマを持つ分科会での学習を続けながら、ある年は、競争と効率本位の経済や政治を鋭く批判し続けている内橋克人氏を講師に呼んだり、またある年は、戦争と平和を全体のテーマに据えるなど、地域の現実的な課題を、つねに日本社会の基本問題や世界情勢の流れのなかで展望を考えていく構えが据えられている。成人の学習に求められる「何に向けての学びか」の姿勢は、まさに、この「展望を考える」ところに示されている。

こうした個々の問題を社会生活や人びとのつながり全体との関連で考えて展望をつかもうという

姿勢は、地域での人間関係づくりのめざすものを、単なる親睦を深めるところにとどめず「豊かな人間形成」をめざすものに向けさせる。

多機能型福祉事業所「夢のつばさ」建設は、まさにこの見事な実践例である。

ここでは、先にも述べたように、すべての住民が、お互いを理解し合い支え合う「地域づくり」の仲間であるというとらえ方をする気風が育っていることが示されており、このなかで「住民の相互発達」がめざされていることが注目される。

住民の熱い要望から生まれたこの施設は、単に障害を持つ人びとのために開かれ自由に利用できる広場であるにとどまらない。村民一人ひとりが豊かな可能性を持っていることを信じ、理解し合い支え合って、みんなが人間的に成長できるような施設にしよう、そのためにはどのような運営を考えていったらよいか。施設の建設計画づくりの当初から、村民に広く訴え、みんなの知恵と期待を寄せ合いながら建設が進められていったのである。

このような討議と学び合いがなされないままの福祉施設建設は、住民にとっては、単に土地提供への協力を求められるものに過ぎなくなり、仮に迷惑施設であるという無理解な対応が生まれなかったとしても、住民が地域を〈共に生き成長する場〉としてとらえ直す機会を持てないままに終わる。

「地域づくり」とは、住民の要求に応える行政を行う「自治体」の長を選ぶ取り組みに終わるものではなく、住民すべてが「人間らしい暮らし」とは何かを考え、それができるような人びとのつながりや社会関係を地域に生み出していくいとなみである。それを可能にする住民の意識や力量を住民自身が身につけていく学びによる「人間発達」の様相を、阿智の事例はふんだんに提供してくれている。「地域づくり」の視野を広げ、地域の自然やそれに根ざして営まれる生産活動を守り、その充実発展を考え合う人びとの繋がりづくりと支え合う努力の積み重ねが見事に見られる。

それは、まさに「地域づくりの人間発達」なのである。

3　下伊那地域の多様な「地域づくり」実践・社会教育実践の中でとらえ直す

阿智村は下伊那地域にひろがる生産と生活の矛盾と闘う人びとに学んできた

「地域づくり」はそこに住む人びとの育ち＝「人間発達」のいとなみなしにはあり得ないものだった。そしてそこには学習のいとなみが不可欠であった。阿智村は、下伊那地域全体にひろがるさまざまな学びや地域づくりの動きに学び、それに支えられ、また各地の取り組みを支えて、大きく育っていったのである。

実際にこの地域では、一九六〇～七〇年代の社会教育実践や自治体労働者・農協労働者による職場づくり・地域づくりなど、いろいろな分野でさまざまな学習活動がひろがっていた。

そのなかで、日常的には「人間発達」という言葉こそ使われていなかったとはいえ、自分たちで生活と生産の苦しさを切り拓く力を住民自身は身につけなければならなかったのであり、そのためには自分たちを取り巻く現実を見据え、それを切り拓く見通しが得られるような学習が不可欠である、という意識は当然大きくひろがっていた。

そこにあるのは、住民は、地域の暮らしをよくするためのいわゆる「民主首長」を生み出す政治主体として成長するにとどまらず、つねに事態を拓く見通しを獲得する「学習主体」として自らを鍛え上げなければならない、という認識であった。

特に、高度経済政策の展開下での、激化する農民層の貧困化と際限ない分解と離農、そしてそれを基盤にした地域の労働者層の低賃金体制。そこに見る矛盾は、一九六一年、この伊那谷をおそった梅雨前線豪雨災害でいっそう深刻化した。広範に広がった出稼ぎ、三ちゃん農業による主婦の重労働化と健康破壊、増大する子育て不安などの切実な問題、また、その災害復旧を名目として強行された地域開発や観光開発がもたらすいっそうの農業破壊、増大する若者たちの離村などは、あらためて、この地の農業を中軸とする地域発展を描く力を自分たち自身が持つことを農民に求め、学習活動はまさに生死問題となっていたのである。そして、この事態をどう拓くか、その見通しを獲得しようとする学習活動は下伊那地域に広範に広がっていったが、特に、中央道開設や誘致工場のもたらす公害問題をかかえた阿智村では、深刻にそして真剣に取り組まれていったのである。

下伊那の地に見る「人間発達」を生むいろいろな活動や広いつながり

言うまでもなく、下伊那全体に広がっていったのは、農業問題に限らず、暮らしを守りその立て直しをめざす多様な取り組みであった。そしてそれは生活領域の広い範囲に及んでいたし、その具体的な展開の形態もさまざまであった。すなわち、公民館と結びついた婦人学級や青年学級という社会教育活動にとどまらず、部落の会合や近所の仲間同士の話し合いからはじまり、仲間うちの語り合いも含めて、深刻な農業の状況に対して暮らしを守っていくにはどうしたらよいかを考え合い学び合う活動はさまざまな形で広がっていった。

一九五〇年代半ばからこの地域に広がった農家の主婦たちの生活文集活動は、現実生活のなかにある矛盾を自分たちの目で見つけ出し考え合う活動として広く注目されたが、女性の社会教育活動への参加がいろいろな形で展開されるなか、この地でも母親大会が開かれるなど、学習活動と社会的な諸運動との結びつきは強まっていった。

『週刊朝日』は一九六〇年一一月一三日号に〝農民も発言する〟という六ページのルポルタージュを載せ、〈伊那谷の主婦と青年〉という副題をつけて、この文集活動の端緒を開いた喬木村の筒井勝子さんの記事と共に、この村の高校定時制分校廃止反対運動のあと大卒の有資格者を招いて開設した青年学級の活動ぶりや、飯田市内外の読書会など多様な学習活動の様子を伝えている。当時、各地の読書会は、全県の読書会連絡会との繋がりを持って活動しており、下伊那読書会連絡会は青年団と提携して「共同学習」研究会を開き、農村問題や社会問題に視野を広げた学習活動に取り組んでいた。戦前のＬＹＬ（自由青年連盟）の革新的な気風を受け継いだ下伊那連合青年団は、地域に残る封建性を打破するさまざまな民主化運動のほか安保問題にも力を入れていただけでなく、「伊那のうたごえ」や文集づくりなどの文化活動にも熱心に取り組んでいた。女性の読書会も各地に生まれ、その活動記録『みんなとだから読めた！』（二〇〇二年）や読書人生の聞き書き『つながり』（二〇〇七年）の編集に見られるように、飯伊婦人文庫の活動は今に続いている。

農村の貧しさを反映して低賃金を強いられていた役場や農協の職員も、労働組合をつくり労働条件の改善を求めて労働者としての自覚を高めていた。市町村職労は地域開発問題や自治体民主化に取り組む「自治研」活動を展開し、農協労は地域農業そのものを「職場」ととらえる「職場づくり・地域づくり」の研究を積み上げて住民との結びつきを深めていく。ここには、一九六〇年に発足した信濃生産大学やその中心的な支え手である農民集団（長野県農業近代化推進協議会や後の長野県農業農民問題研究会）や、一九九三年にこの地に移住された元高知短期大学の鈴木文熹先生が組織された南信州地域問題研究所の大きな影響が見られる。特にこの研究所の「職場づくり・地域づくり」研究集会活動や『国づくりを展望した地域づくり』（二〇〇四年）をはじめとする研究論稿の発行は、農協労働者が地域住民と深く結びつく上での大きな力を生み出していった。

これらの活動のほかに、成立の時期は前後するが、文学や美術の団体も含めた飯伊サークル協議会のこころみや、戦前の自由大学運動や農民運動の伝統を受けたかたちで発足を見た天竜峡夏期大学（一九五八年）や、飯田市民大学、龍江冬期教養講座、竜丘市民大学、ひさかた村塾などが開かれていた。また、信濃生産大学の影響下で農民の学習研究活動も各地に生まれ、公民館活動の一環として合同企画の移動農民大学もこころみられた。『月刊社会教育』編集部主催の「『月刊』ゼミナール」（一九六〇年）が飯田市中央公民館を会場に開かれ、社会教育推進全国協議会発足後には飯伊支部も生まれ独自な研究会や広い分野にわたる学習活動が広がる。

阿智村の実践は、農業や蚕糸業、それに関わる農民運動や労働運動の固有な伝統を持ちながらも、このように広範な暮らしを守る運動や学習活動との深い関わりのなかで豊かな内容をつくっていった。

4　住民との深い結びつきを求め続けた社会教育職員たちの実践

いわゆる「下伊那テーゼ」と新しい社会教育実践の展開

阿智の「地域づくり」実践が語られるとき、その中心的な役割を担った岡庭一雄氏が一メンバーとして執筆に参加したいわゆる「下伊那テーゼ」（飯田・下伊那公民館主事集団の提言『公民館主事の性格と役割』一九六五年）との密接な関わりに言及されることが多い。

この提言は、地域の現実と住民の要求に深く根ざした社会教育実践のあり方を提起し、住民のなかに「地域づくり」の力を生み出す学習のあり方を追求したものであった。それを可能にするのは、住民と共に生きる決意を秘めた社会教育職員の「自治体労働者としての自覚」であるとした点で多くの注目を集めたが、その際見落とされがちであったのは、公民館主事たちに「教育学の学習」を求めていたことである。社会教育実践は、住民にさまざまな社会教育事業を提供するだけでなく、それを通して住民自身が「自ら学ぶ力」を身につけることをめざすものでなければならない。そのような住民の「自己教育活動」の意義をとらえていたからこそ、「人間発達」に焦点を当てた社会教育活動を生む基点となったのである。以下、「下伊那テーゼ」を生み出したもの、そしてそれが生み出したものを見てみよう。

この文書はもともと、日本社会教育学会宿題研究の一環として下伊那主事会に提言が求められたものであったが、この地の主事たちは、自己形成の課題を含めた社会教育実践のあり方を研究し合うまたとない機会として受け止めて共同で作成にあたった。これまでも、農業や農村の生活を取り巻く状況に大きな変化が見られるようになった一九五〇年代の後半から、毎月の下伊那郡の主事会では、それぞれの町村の実践を報告し合いながら、時代変化に対応した社会教育活動のあり方を研究し合う活動を続けていた。その活動が社会教育学会に注目されて提言を要請されたのであるが、当時社会教育学会員であったメンバーで話し合い、飯田市の主事たちにも呼びかけて有志の「飯田・下伊那主事会」の名で取り組み、自由で活発な討論を経てまとめられたものである。

このとき、主事たちが学習活動を通して生み出そうとした「地域づくり」の担い手とは、自治体民主化をめざす「自治主体」ではなく、住民自身が、自分たちの地域の生活全体を支える生産や文化の発展を担える力量を持つような「学習主体」（すなわち「人間発達主体」）なのであった。そこには、人間形成の場としての「地域づくり」という共通理解があった。

今に続くさまざまな住民自治実践

松川町は、夫たちの農薬散布による健康被害に端を発したユニークな健康学習の展開で知られるが、この実践は、かの梅雨前線豪雨災害の復旧を契機として導入された農業近代化政策への鋭い警鐘と批判であった。それは、大量農薬散布や大型機械導入による経営大型化のもたらす地域農業破壊との闘いでもあった。ここで試されていたのは、この地に蓄積された社会教育の学びの力であった。在村青年のために設置された「松川専修学校」を受け継いだ青年学級や女性たちの生活記録学習などで研ぎ澄まされていった住民たちの目は、この事態を厳しく糾弾する健康学習の全町的な広がりを支え、社会教育活動の持つ意味が広く理解されていった。

『鎮守の杜構想──十三《とさ》の郷《さと》づくり──』（二〇〇〇年）をまとめた飯田市上久堅地区の「地域づくり策定委員会」では、なんと一二〇回に及ぶ研究討議を重ねて、依然として進行する過疎化や高齢化、農業や商業の混迷をどう拓くかを考え合い、地域興しグループ「風土舎」を誕生させ、毎月発行される手書きの機関紙「風土舎通信」は現在三〇六号に達している。先人の切り拓いた村づくりの歴史と伝統行事の復活、寺子屋と名づけた子どもたちの学びとつどいの場や主婦たちを集めた「かうちん工房」なる手織りの共同作業場など、数々の実践を生み出し、海外からの視察も増えて飯田市全体の「地域おこし」の主導的な役割を果たしている。それは、地域のかけがえのない価値への自信と誇りを住民たちが共有する場となっている。

天竜川の支流小渋川総合開発問題の学習活動などが警戒されて社会教育主事の不当配転事件の起

こった喬木村では、村民たちが粘り強く闘い、村議選・村長選を通して開発事業の後退と主事の原職復帰を実現させた。そこには地域に深く根を下ろした「自治の根性」というべきものがあった。明治の町村制施行にともなう部落有林野統一に抗して大正期に至るまで大審院で闘った歴史を持ち、近年の飯田市との合併問題では、乳幼児検診を含む健康福祉行政縮小への不安、大規模業者に仕事を奪われる地元土木建設業者の心配などがあって、集落ごとの学習会の積み上げでこれを返上した。また、つい先頃は、議員の成り手確保が難しくなるなかで、勤め人も議員になれる村議会の夜間・休日開催を村職員組合の合意まで得て進めている取り組みがある。ここに、暮らしを守る共同の砦を手放さない強い意志を見る。

おわりに

岡庭氏は、二〇一四年二月の村長退任挨拶で、自分自身が自治体労働運動と公民館活動のなかで鍛えられ育ってきた経験を語りながら、最後をこう結んでいる。

「高い理念に向かっての、村つくりに私たちは取り組んできているのであります。そして、この取り組みは住民の皆さん多くに支持され、信頼を得てきております……手間暇のかかる取り組みですが、このことによって社会進歩に大きく貢献できると信じて、自信を持って発展させて下さることを期待しております。」

ここに見る村民への信頼と期待は、村民の「人間発達」と自治体の「自立的発展」が堅く結びついた一体のものであるという確信に立つものである。これこそ、阿智村を含むこの地域の住民たちの心意気が生んだ「地域づくり」の哲学なのである。

（島田修一）

参考文献

・社会教育・生涯学習研究所「地域自治を担う力が育つ村―長野県阿智村調査報告書―」『社会教育・生涯学習研究所年報』第八号、二〇一三年
・社会教育・生涯学習研究所『自治体の自立と社会教育』ミネルヴァ書房、二〇〇八年
・岡庭一雄・岡田知弘『協働がひらく村の未来』自治体研究社、二〇〇七年
・島田修一「課題研究『人間発達と地域』をどう深めるか」『社会教育・生涯学習研究所年報』第七号、二〇一二年
・上久堅住民自治のあゆみ編集委員会『上久堅住民自治のあゆみ　一九六四〜二〇〇七』二〇一〇年
・木下陸奥『竜丘の自由教育の神髄を探る』秀文社、二〇一〇年
・是枝英子『知恵の樹を育てる―信州上郷図書館物語―』大月書店、一九八三年

あとがき

社会教育・生涯学習研究所では、二〇一〇年度〜二〇一二年度にはじめて阿智村調査に取り組み、報告書をまとめた。この調査では、阿智村長（当時）の岡庭一雄さんから住民自治の考え方を学び、住民の方からその実践をうかがった。また、報告書の原案をめぐって、住民や職員の方と意見を交わすこともできた。さらに、この調査の終盤で、役場職員（当時）の林茂伸さんから、村の最大の課題は人口問題だという話をうかがったことは重要であった。そのことを受け止めて、研究所では、二〇一三年度以降、子ども・若者を中心にした阿智村調査に取り組むことになった。

その矢先、二〇一四年に日本創成会議人口減少問題検討分科会から、消滅する可能性の高い自治体リストが公表された。中山間の町村に地域を畳ませようとするこの構想に対して、阿智村社会教育研究集会の基調提案では、自治の力で住むことに誇りをもてる村になろうと呼びかけた。このような状況のなかで、阿智村の地域・自治体づくりの理念と実践を、全国に問いかけてみたいという思いから、本書の企画が本格的に動き出した。

住民の方からヒアリングをしていくなかで気づいたことは、「阿智村のやり方としては」とか「岡庭村政の下では」といった発言が聞かれないことであった。外部から調査に入る私たちが重要な視点にしたいと思うことが、阿智村で暮らす人には特段意識することではなく、自然なことになっている。学びを通して住民が地域・自治体づくりの主人公になることが、暮らしのさまざまな場面に息づいていることに驚かされた。

しかしだからと言って、すべての住民が本書に収録したような実践にかかわっているわけではない。また、本書では阿智村の実践に提言を行っていない。阿智村に課題がないわけではないが、それを乗り越える新しい動きが次々と生まれてくることに注目した。話し合い、学び合う地域の関係を根源にした取り組みに対して、調査を行う私たちは安易な提言を出すよりも、ともに学び、その息吹を伝えることに力を注ぐべきだと考えた。

本書をまとめるにあたっては、阿智村の多くの住民と職員の方から活気のある話を聞かせていただくとともに、原稿にまとめることにご協力いただいた。また、阿智村の実践を広い視野のなかでとらえるために、松下拡さん、山本由美さん、木下巨一さんにコラムを書いていただいた。そして、私たちを阿智村に導いていただいたのは島田修一前社会教育・生涯学習研究所所長である。本書にかかわっていただいた皆様に感謝したい。

最後に、「住民と自治」に依拠した地域・自治体づくりを提唱してきた自治体研究社から本書を刊行できたことはありがたいことだった。いま阿智村に注目することの大切さを共有し、構成や編集の上で多くの助言をいただいた深田悦子さんに感謝したい。

二〇一八年一月

編者

執筆者紹介

第1章

1　園原幸子（NPO法人ごかの風理事長）

2　村澤　勲（元阿智村産業振興公社理事長）

3　中里信之（阿智村職員）

　井原正文（全村博物館構想連絡会会長）

4　石原朝子、寺田眞由美、原佐代子（女性の平和学習会実行委員会）

5　林　茂伸（満蒙開拓平和記念館ボランティアガイド）

6　原　二三（前駒場区自治会長）

7　岡庭啓真（阿智村中央公民館館長）

　市川勝彦（有機農家）

8　高坂美和子（前阿智村議会議長）

9　熊谷時雄（元智里西地区開発協同組合専務）

コラム　松下　拡（元松川町公民館職員）

第2章

1　櫻井真紀（下清内路煙火有志会）

　小林ちずか（NPO法人なみあい育遊会職員）

2　奥澤明子（阿智村であいプロジェクト代表）

3　奥澤明子（はぐカフェ運営委員）

　若林暁子、櫻井宏美、牛山真美（「あちたね」編集委員）

4　熊谷博幸（グリーンファイブ）

コラム　山本由美（和光大学教授）

第3章

1～6　岡庭一雄（前阿智村長）

鼎談　櫻井拓巳（阿智村職員）、山本昌江（阿智村職員）、岡庭一雄

コラム　木下巨一（長野県教育委員会文化財・生涯学習課）

第4章

1(1)～(4)　細山俊男（社会教育・生涯学習研究所所長）

　(5)　向井　健（松本大学講師）

2(1)～(4)　辻　浩（日本社会事業大学教授）

　(5)　古里貴士（東海大学講師）

　(6)　金　侖貞（首都大学東京准教授）

3(1)　山本昌江

　(2)　大石真紀子（阿智村職員）

4　島田修一（中央大学名誉教授）

【監修】

社会教育・生涯学習研究所

【編者】

岡庭一雄（前阿智村長）

細山俊男（社会教育・生涯学習研究所所長）

辻　浩（日本社会事業大学教授）

社会教育・生涯学習研究所

「学びの共同センター」として民衆の立場に立つ生涯学習の創造をめざして、1997年に設立。課題研究と地域調査を行い『年報』を発行。『自治体の自立と社会教育』（2008年、ミネルヴァ書房）、『人間発達の地域づくり』（2012年、国土社）を刊行。阿智村で「自治と協働を学ぶ学生セミナー」を開催して、公務労働の本来のあり方を若い学生と探求している。

自治が育つ学びと協働　南信州・阿智村

2018年2月15日　初版第1刷発行

監　修　社会教育・生涯学習研究所

編　者　岡庭一雄・細山俊男・辻　浩

発行者　福島　譲

発行所　㈱自治体研究社

〒162-8512 新宿区矢来町123 矢来ビル4F

TEL：03·3235·5941／FAX：03·3235·5933

http://www.jichiken.jp/

E-Mail：info@jichiken.jp

ISBN978-4-88037-676-9 C0036

DTP：赤塚 修

デザイン：アルファ·デザイン

印刷：モリモト印刷